세계의 신들

"NEMURENAKUNARUHODO OMOSHIROI ZUKAI SEKAI NO KAMIGAMI"

Supervised by Yusuke Suzuki
Copyright © NIHONBUNGEISHA 2021

All rights reserved.
First published in Japan by NIHONBUNGEISHA Co., Ltd., Tokyo
This Korean edition is published by arrangement with NIHONBUNGEISHA Co., Ltd.,
Tokyo in care of Tuttle-Mori Agency, Inc., Tokyo, through, ERIC YANG AGENCY, Seoul.

이 책의 한국어판 저작권은 Eric Yang Agency를 통해
저작권자와 독점 계약한 ㈜알에이치코리아가 소유합니다.
저작권법에 의하여 한국 내에서 보호를 받는 저작물이므로 무단 전재 및 복제를 금합니다.

한 권으로 끝내는 인문 교양 시리즈 | 스즈키 유스케 감수 | 정보현 옮김

신들이 펼치는 애증극,
그리스 신들

종말을 향해 나아가는
북유럽 신화의 신들

신화 속 신과 영웅의 이야기
세계의 신들

다채로운 세계관의 이집트,
인도, 메소아메리카 신들

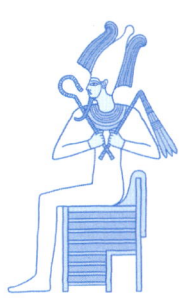

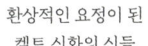

세계 신화 속 흥미로운
신과 영웅의 이야기!

환상적인 요정이 된
켈트 신화의 신들

RHK
알에이치코리아

서문

소문난 바람둥이였던 전지전능한 최고신

잘려 나간 신의 성기에서 태어난 사랑과 미의 여신

나무에 거꾸로 매달려서까지 지혜를 손에 넣고자 한 신

불륜으로 태어난 아이를 숨기기 위해 태양을 멈춘 대지의 신

이처럼 세계 각지에는 실로 개성 넘치는 신이 참으로 많다. 고대인들이 신화 속에서 묘사했고, 오늘날까지 전해져 내려온 신들의 존재. 머나먼 옛날 이야기 혹은 지어낸 이야기라고만 치부한다면 안타까운 일이다.

왜냐하면 여러분이 좋아하는 영화, 소설, TV 드라마, 만화 등의 콘텐츠가 세계의 신화 속 신을 모티프로 삼았을지도 모르기 때문이다.

사실 세계의 신화와 신들을 소재로 삼은 작품은 동서고금을 막론하고 셀 수도 없을 정도로 많다. 오래된 명작부터 최근의 히트작

까지 매우 다양하다.

  이 책은 바로 그러한 신들의 세계로 여러분을 초대한다. 일러스트를 곁들여 알기 쉽게 그리스 신화, 북유럽 신화, 켈트 신화, 이집트 신화, 인도 신화, 메소아메리카 신화의 주요 신들과 영웅들의 특징 및 에피소드를 풀어냈다. 또 그 신화가 탄생한 배경에 대해서도 해설했다.

  책을 읽고 나면 신화를 모티프로 한 영화, 소설, TV 드라마, 만화 등을 한층 더 풍성하고 재미있게 즐길 수 있게 될 것이다. 이 책을 계기로 매력 넘치는 세계의 신들에 관심을 가지게 된다면 더할 나위 없이 기쁘겠다.

스즈키 유스케

목차

서문 4

1장
신들이 펼치는 애증극, 그리스 신화의 신들

그리스 신화 신들의 계보 12

카오스에서 시작된 신화의 세계 14

전지전능한 천둥의 신 제우스 17

고난으로 가득했던 제우스의 탄생 20

바람으로 유명한 신들의 우두머리 제우스 23

거친 바다의 수호신 포세이돈 26

10년에 걸친 신들의 장렬한 전투 29

불굴의 영웅 헤라클레스 32

영웅 헤라클레스의 모험 35

전 세계를 뒤집어 놓은 신과 거인의 전쟁 38

교활한 신들의 심부름꾼 헤르메스 41

전쟁을 즐긴 군신 아레스 44

그리스 신화 제일가는 아름다운 신 아폴론 47

사랑과 미와 풍요의 여신 아프로디테 50

사랑의 여신 아프로디테의 비련 53

최초의 인간 여성 판도라 56

신과 영웅이 사랑한 강력한 무기 그리스 신화 60

2장

종말을 향해 나아가는 북유럽 신화의 신들

북유럽 신화 신들의 계보 64
세계수가 지탱하는 세상 66
지적이고 냉철한 최고신 오딘 69
오딘이 창조한 세계 72
천지창조의 재료가 된 거인 이미르 75
전쟁터를 누비는 여전사 발키리 78
세상의 멸망을 향해가는 최후의 전쟁 라그나로크 81
신족과 거인족의 사투는 왜 일어났나? 84
천둥의 신 토르는 북유럽의 농경신 87
무지개다리의 파수꾼 헤임달 90
교활한 장난의 신 로키 93
악신 로키가 질투한 빛과 선의 신 발드르 96
신이 내린 성검의 주인 영웅 시구르드 99
신과 영웅이 사랑한 강력한 무기 북유럽 신화 102

3장
환상 속의 요정이 된
켈트 신화의 신들

켈트 신화 신들의 계보 106
자연에 대한 경외심을 담은 신들 108
다누 신족의 중심적인 존재 다그다 111
불륜 끝에 태양마저 멈추게 한 다그다 114
신화 최강의 영웅 쿠 훌린 117
쿠 훌린의 연애와 우정 120
고양이 요정의 왕 캐트시 123
영국을 통치한 아서왕 126
호수에서 나온 엑스칼리버 129
시대를 반영해 온 아서왕 전설 132
신과 영웅이 사랑한 강력한 무기 켈트 신화 136

4장
이집트 신화, 인도 신화, 메소아메리카 신화의 신들

이집트의 네 가지 창세 신화 140
전지전능한 힘을 손에 넣은 아문 라 143
전통 있는 신과 새로운 신이 만나 강해지다 146
이상적인 왕이자 명계의 왕인 오시리스 149
죽음과 부활을 그린 오시리스 신앙 152
부활을 바라는 망자의 수호신 아누비스 155
갖은 고난을 겪은 모자 이시스와 호루스 158
인도 신화의 신들과 세계관 161
창조하기 위해 파괴를 관장하는 신 시바 164
시바와 결합한 링가 숭배 신앙 167
세상의 질서를 유지하는 신 비슈누 170
비슈누의 열 가지 화신 173
코끼리 머리를 달게 된 가네샤 176
부와 행운과 풍요의 여신 락슈미 179
마야 문명과 아스테카 문명의 세계관 182
마야의 창세 신화와 쌍둥이 영웅 185
날개 달린 뱀의 모습을 한 신 케찰코아틀 188

참고 문헌 191

신들이 펼치는 애증극
그리스 신화의 신들

고대 그리스로부터 전해져 내려온 그리스 신화는 전 세계의 다양한 신화 중에서도 제일가는 인지도와 인기를 자랑한다. 개성 넘치는 신들이 마치 인간처럼 사랑하고 미워하며, 휴먼 드라마 못지않은 신들의 드라마를 선보인다. 그리스 신화의 세계로 들어가보자.

그리스 신화 신들의 계보

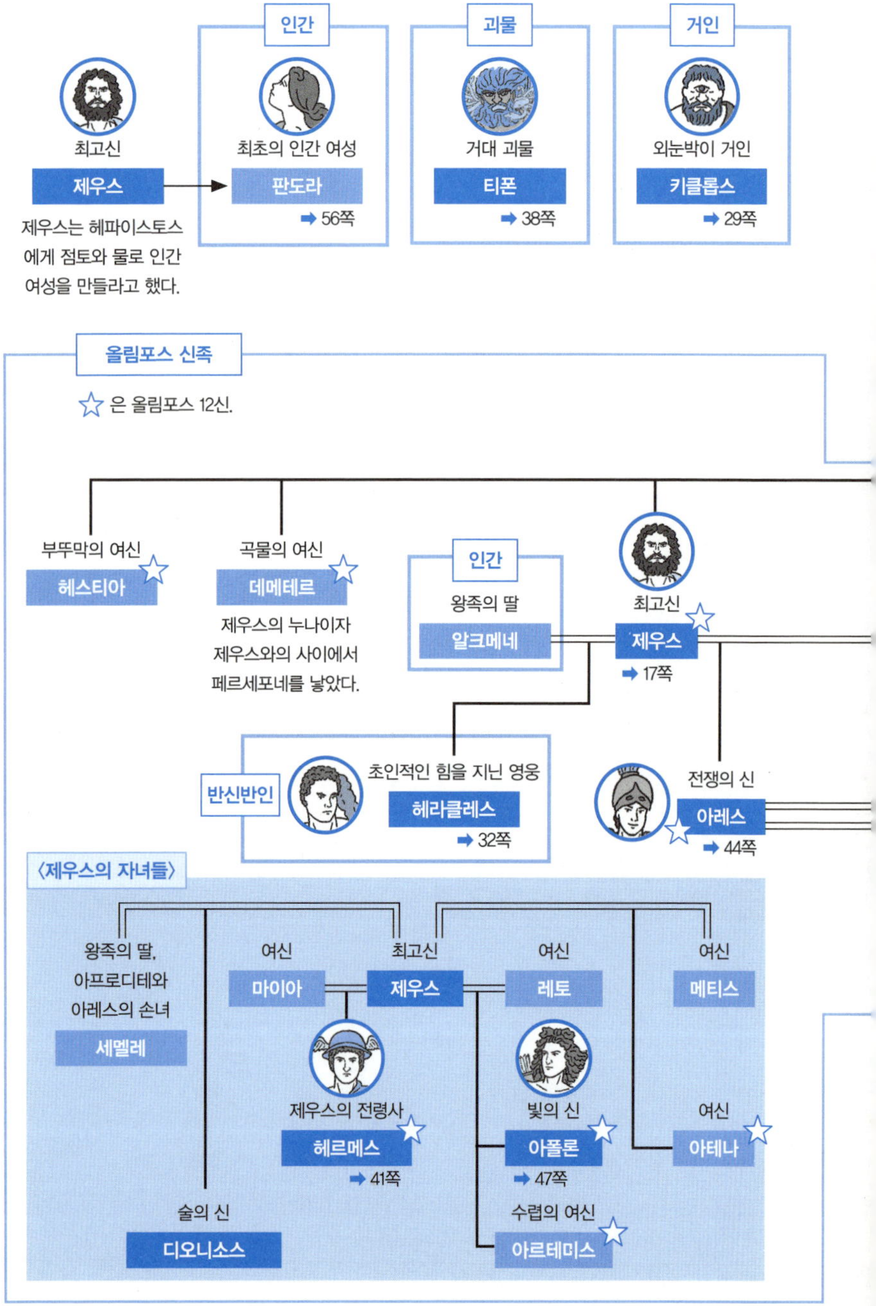

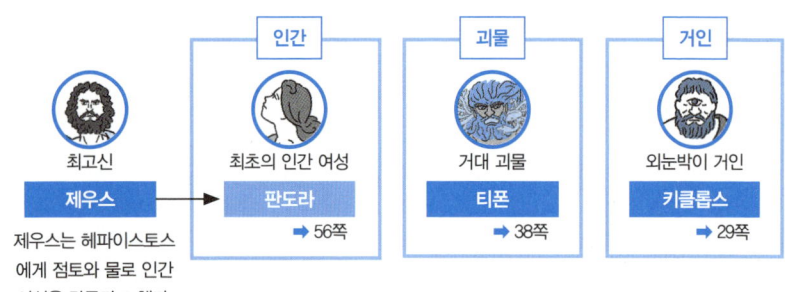

인간	괴물	거인
최초의 인간 여성 **판도라** ➡ 56쪽	거대 괴물 **티폰** ➡ 38쪽	외눈박이 거인 **키클롭스** ➡ 29쪽

최고신 **제우스**
제우스는 헤파이스토스에게 점토와 물로 인간 여성을 만들라고 했다.

올림포스 신족

☆ 은 올림포스 12신.

- 부뚜막의 여신 **헤스티아** ☆
- 곡물의 여신 **데메테르** ☆
  제우스의 누나이자 제우스와의 사이에서 페르세포네를 낳았다.

인간 — 왕족의 딸 **알크메네** ✕ 최고신 **제우스** ➡ 17쪽 ☆

반신반인 — 초인적인 힘을 지닌 영웅 **헤라클레스** ➡ 32쪽

전쟁의 신 **아레스** ➡ 44쪽 ☆

〈제우스의 자녀들〉

- 왕족의 딸, 아프로디테와 아레스의 손녀 **세멜레**
- 여신 **마이아** ✕ 최고신 **제우스** ✕ 여신 **레토** ✕ 여신 **메티스**
- 제우스의 전령사 **헤르메스** ➡ 41쪽 ☆
- 빛의 신 **아폴론** ➡ 47쪽 ☆
- 여신 **아테나** ☆
- 술의 신 **디오니소스**
- 수렵의 여신 **아르테미스** ☆

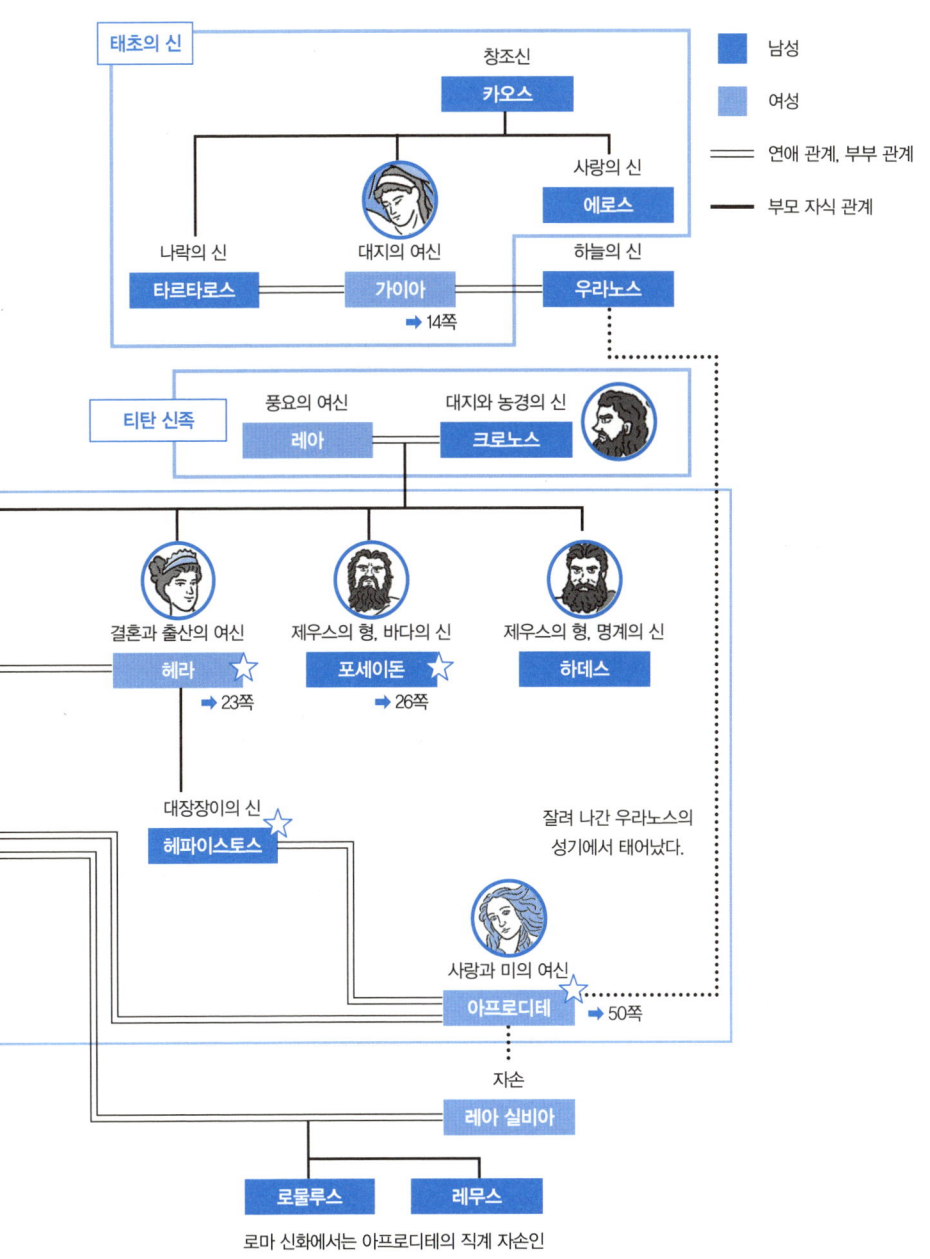

그리스 신화

카오스에서 시작된 신화의 세계

혼돈에서 나타난 지모신이 신들을 낳으며 천지를 창조하다

그리스 신화의 신들이 태어나기 전, 그곳에는 카오스(혼돈)가 존재했다. 카오스에서 가장 먼저 풍요의 신 가이아(대지의 신)가 태어났다.

이어서 타르타로스(나락), 에로스(사랑의 신)가 나타났다. 카오스를 포함한 이들 네 신은 태초의 신이라고 불린다.

가이아는 혼자서 하늘을 관장하는 우라노스와 바다를 관장하는 폰토스를 낳았고, 자신이 낳은 우라노스와의 사이에서도 여러 자녀를 만들었다. 이들을 티탄 신족*이라고 부른다.

티탄 신족 대부분은 그리스 신화의 중심이 되는 신이었으나 그

* 가이아가 아들 우라노스와 결혼해 낳은 여섯 남신과 여섯 여신, 총 12명의 거신을 가리킨다.

중에는 사나운 거인과 머리 50개 달린 괴물도 있었다.

어머니로서 모든 자녀를 사랑한 가이아와 달리, 아버지인 우라노스는 신에게 어울리지 않는 괴상한 모습을 한 자식들을 나락에 가두어버렸다.

가이아는 자식을 모질게 대하는 우라노스에게 분노했다. 그녀가 자녀들을 모아두고 형제를 괴롭히는 아버지를 쓰러뜨려주지 않겠냐고 묻자 막내 크로노스가 손을 들고 자원했다.

크로노스는 가이아의 침실에 숨어 있다가 우라노스가 가이와와 몸을 섞으려는 순간, 준비해둔 큰 낫으로 우라노스의 성기를 잘라냈다.

3대에 걸친 부자간의 전쟁 끝에 완성된 세계

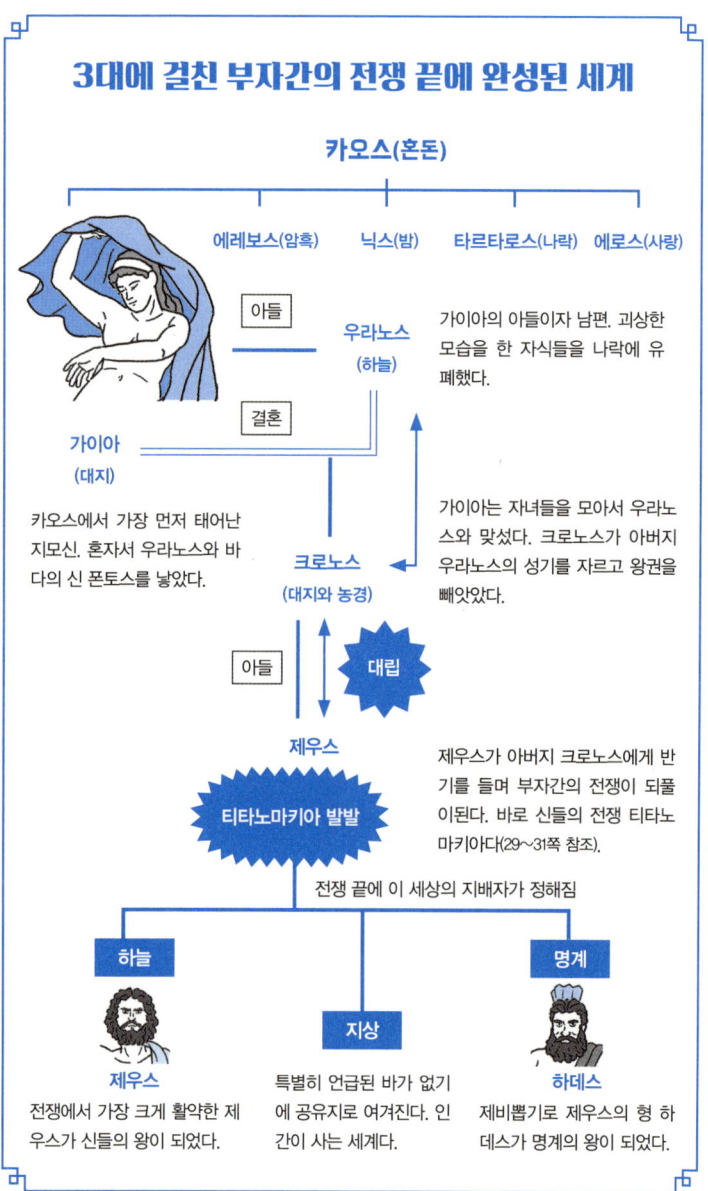

카오스(혼돈)
├ 에레보스(암흑)
├ 닉스(밤)
├ 타르타로스(나락)
└ 에로스(사랑)

우라노스(하늘) — 가이아의 아들이자 남편. 괴상한 모습을 한 자식들을 나락에 유폐했다.

아들 / 결혼

가이아(대지) — 카오스에서 가장 먼저 태어난 지모신. 혼자서 우라노스와 바다의 신 폰토스를 낳았다.

크로노스(대지와 농경) — 가이아는 자녀들을 모아서 우라노스와 맞섰다. 크로노스가 아버지 우라노스의 성기를 자르고 왕권을 빼앗았다.

아들 / 대립

제우스

티타노마키아 발발 — 제우스가 아버지 크로노스에게 반기를 들며 부자간의 전쟁이 되풀이된다. 바로 신들의 전쟁 티타노마키아다(29~31쪽 참조).

전쟁 끝에 이 세상의 지배자가 정해짐

하늘 - 제우스 — 전쟁에서 가장 크게 활약한 제우스가 신들의 왕이 되었다.

지상 — 특별히 언급된 바가 없기에 공유지로 여겨진다. 인간이 사는 세계다.

명계 - 하데스 — 제비뽑기로 제우스의 형 하데스가 명계의 왕이 되었다.

세계의 신들

전지전능한 천둥의 신 제우스

아버지에게서 형제들을 구해내고 세계를 나누어 통치하다

그리스 신화의 중심적인 존재인 제우스는 크로노스와 그의 누나인 여신 레아 사이에서 태어났다.

제우스의 본거지는 그리스에서 가장 높은 올림포스산*이다. 이곳에 웅장한 신전을 짓고 아내 헤라 및 다른 여신들과의 사이에서 여러 신을 낳고 세상을 다스렸다.

전지전능하다고 불린 만큼 세상의 모든 일을 알 수 있고 제 뜻대로 할 수 있는 위대한 존재다. 제우스도 아버지 크로노스와 마찬가지로 조모 가이아의 도움을 받아 아버지를 쓰러뜨리고 신들의 우두머리가 되었다.

* 제우스를 비롯한 올림포스 신족이 살았던 산으로 그리스 북부에 있다. 신들은 올림포스산 정상에 저마다 신전을 두었다.

험난한 출생 과정과 아버지를 쓰러뜨리기까지의 과정은 뒤에서 차차 소개하겠다.

사실 제우스는 신들은 물론이고 인간의 아버지라고도 할 수 있는 존재였다. 제우스라는 말은 하늘, 빛에서 유래했다. 구름·비·천둥을 관장한다는 점에서 세상의 평화와 질서를 지키고, 인간에게 법을 전해주고, 정의의 구현을 지켜보는 신으로도 여겨졌다. 인간계에서 일어나는 모든 사회 현상을 관장하는 보호자 및 지배자와 같은 위치라고 하겠다.

또 집을 수호하며 부뚜막과 재산을 지키는 역할도 했으며 풍요로움을 안겨주는 신이었다. 한편으로는 신들의 특권을 침범하는 자를 엄벌에 처하기도 했다.

세상에 군림한 제우스

천둥과 번개를 쏘는 케라우노스를 무기로 사용한다. 가이아와 우라노스의 아들인 외눈박이 거인 키클롭스가 만들어주었다.

모습을 자유자재로 바꿀 수 있고, 상대방도 어떤 모습으로든 바꿀 수 있다.

제우스의 어원은 하늘이다. 구름을 모아 비, 폭풍을 일으킬 수 있다. 자연현상을 관장하는 야성적인 신으로 여겨졌다.

올림픽의 기원

1896년에 시작된 근대 올림픽은 제우스와 관련이 있다. 신들이 사는 올림포스산에 세워진 제우스의 신전에는 신들을 섬기는 의미에서 체육, 예술 등이 봉헌되었다. 이 올림피아 제전이 지금의 올림픽이 되었다.

로마 신화의 유피테르와 통합

제우스는 로마 신화의 하늘과 천둥의 신 유피테르(영어식으로는 주피터)와 동일시된다. 유피테르 또한 신들의 왕이다.

고난으로 가득했던 제우스의 탄생

아버지의 눈을 피해 요정들 손에 키워지다

자식을 두려워한 아버지 크로노스에게서 형제들을 구해낸 제우스. 형제들과 달리 제우스는 어떻게 무사히 성장할 수 있었을까? 이는 어머니 레아의 기지와 조모 가이아를 비롯한 여러 신의 협력 덕분에 가능한 일이었다.

남편 크로노스가 자식을 다섯이나 삼키고 나자 레아는 다음에 태어날 아이만큼은 무사히 키워낼 수 있기를 바랐다.

레아는 어머니인 가이아에게 도움을 청했다. 가이아는 밤에 크레타섬에서 몰래 아이를 낳고 크로노스에게는 돌을 포대기로 싸서 건네라고 일러주었다.

가이아의 말대로 레아가 이번에 태어난 아이라고 하며 포대기에 싼 돌을 건네자 크로노스는 포대기째로 돌을 삼키고는 마음을 푹 놓았다.

태어난 아이는 크레타섬에서 아말테이아(님프*)의 젖과 꿀을 먹으며 자랐다. 가이아는 정령 쿠레테스를 불러 모아 떠들썩하게 춤을 추게 했다. 아이의 울음소리가 크로노스의 귀에 들어가지 않게 하기 위함이었다.

이렇게 해서 아버지 크로노스에게 들키지 않고 무사히 성장한 제우스는 어엿한 어른이 되었다. 성장한 제우스는 아버지를 찾아가 구토제를 먹였다.

가장 먼저 제우스 대신 삼켰던 돌이, 이어서 크로노스의 배 안에서 성장한 형제들이 삼켰을 때와는 반대 순서로 하나씩 나왔다.

- 젊고 아름다운 여성의 모습을 한 존재. 정령이나 요정 같은 존재로, 산과 숲 등의 자연에서 살아간다. 크레타섬에서 제우스를 길렀다.

반복되는 아버지와 아들의 싸움

태초의 신
가이아 ══════ 우라노스

티탄 신족
레아 ══════ 크로노스

무사히 자란 제우스는 아버지 크로노스에게 구토제를 먹여 형제들을 구해냈다. 그리고 형제들과 힘을 합쳐서 10년에 걸쳐 싸운 끝에 크로노스를 쓰러뜨렸다.

대립

레아는 막내 제우스를 몰래 낳은 다음 아기 대신 돌을 포대기로 싸서 크로노스에게 건넸다.

아들

올림포스 신족

레아와 크로노스의 자녀들(제우스는 막내지만 포대기로 싼 돌 덕분에 무사히 성장할 수 있었기 때문에 맏형으로 보는 신화도 있다).

① 헤스티아… 부뚜막의 여신, 신화 내에서는 존재감이 없는 편
② 데메테르… 곡물의 여신, 제우스의 연인
③ 헤라… 결혼과 출산의 여신, 제우스의 부인
④ 하데스… 훗날 명계를 지배함
⑤ 포세이돈… 훗날 바다를 지배함
⑥ 제우스

하데스의 무기는 모습을 감출 수 있는 투구다.

세계의 신들

바람으로 유명한
신들의 우두머리 제우스

아내를 무서워하면서도 다른 여신, 인간 여성을 건드리다

전지전능한 천둥의 신이자 그리스 신화 속 최고신으로 뛰어난 리더십을 발휘하며 신들과 협력해 세계를 다스린 제우스. 숭배하기에 마땅한 신이었으나 한편으로는 말릴 수 없는 난봉꾼이기도 했다.

제우스는 누나이기도 한 결혼과 가정을 수호하는 여신 헤라를 아내로 두고서도 여러 여성에게 구애했고 아이를 만들었다. 헤라의 눈을 피해 여신과 인간 여자 등 상대를 가리지 않고 바람을 피웠다. 게다가 거부하는 상대에게는 거짓말을 하거나 계략을 꾸미기는가 하면 심지어는 납치를 해서까지 자신의 뜻을 이루기도 할 만큼 악명이 높았다.

애초에 헤라에게 구혼할 때도 거부하는 그녀를 사로잡기 위해 뻐꾸기로 둔갑해서 방심하게 만들었다. 황소로 둔갑해 인간계의 공주에게 접근하기도, 반대로 연인 이오•를 암소로 둔갑시켜 아내의 눈을 속이기도 했다.

결혼과 가정의 수호신인 헤라는 질투가 많고 성미가 사나웠기 때문에 제우스는 아내 몰래 바람을 피웠다.

그러나 남편의 기질을 잘 알고 있던 똑똑한 헤라는 제우스의 거짓말을 꿰뚫어 볼 때가 많았고, 제우스가 점찍은 여성과 그녀들이 낳은 아이들 대부분은 억울하게도 헤라에게 괴롭힘을 당했다.

세계를 혼란에 빠트릴 정도의 부부 싸움과 속고 속이는 심리전을 펼치면서도 해로한 제우스와 헤라. 하지만 그리스 신화에는 헤라가 낳지 않은 제우스의 자식도 여럿 등장한다.

• 아르고스의 공주. 헤라의 분노를 사서 암소의 모습으로 세계를 떠도는 처지가 되었다.

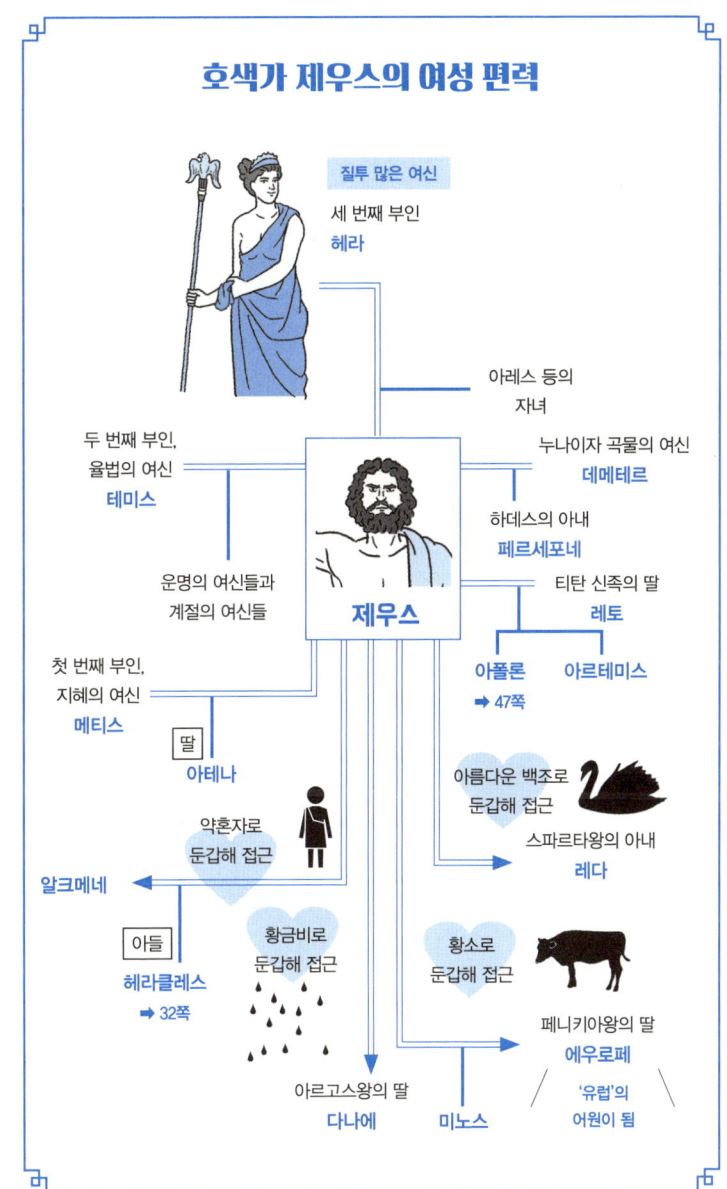

거친 바다의 수호신 포세이돈

물을 지배하고 지진을 일으키는 난폭하고 용맹한 바다의 지배자

포세이돈은 크로노스와 레아의 세 번째 자식으로, 원래라면 제우스 형이다. 하지만 제우스의 활약 덕분에 아버지의 배 속에서 탈출했을 때 삼켰을 때와는 반대 순서로 나왔기 때문에 제우스의 동생으로 보는 전승도 있다.

제우스의 신전이 올림포스산에 있었기 때문에 제우스의 형제들은 올림포스의 신들이라고 불렸다. 제우스는 포세이돈에게 바다의 패권을, 하데스에게는 명계의 통치를 일임했다. 그리고 세 형제가 힘을 합쳐 세계를 다스릴 수 있도록 체제를 구축했다.

바다를 맡은 포세이돈은 황금 해마가 끄는 전차로 바다 위를 달리며 폭풍을 일으키거나 반대로 바다를 잠재웠다. 포세이돈의 아내는 물의 신 네레우스의 딸 암피트리테다. 둘 사이에서 하반신이 물고기인 트리톤이 태어났다. 트리톤은 소라고둥을 불며 다닌다.

제우스와 마찬가지로 성미가 괴팍하고 바람둥이였던 포세이돈. 제우스에게 반항하기도 했고 누나이자 제우스의 딸을 낳은 곡물의 여신 데메테르를 억지로 범하기도 했다.

데메테르와의 사이에서 아리온이라는 신마가 태어났고, 고르곤 세 자매* 중 메두사와의 사이에서는 날개 달린 신마 페가수스가 태어났기 때문에 포세이돈은 말의 수호신으로 여겨지기도 한다.

- 뱀으로 된 머리카락을 하고 있으며 눈이 마주친 자를 돌로 바꿔버리는 괴물. 원래는 금발의 아름다운 세 자매였으나 포세이돈이 여신 아테나의 신전에서 셋째 메두사와 동침한 바람에 결벽증이 있는 아테나의 분노를 사서 괴물이 되고 말았다.

바다와 대지의 지배자 포세이돈

무기는 삼지창. 창의 자루로 대지를 내리치면 담수가 솟아났다고 한다.

신마 페가수스 등 훌륭한 말을 자식으로 두었고 인간에게 승마술을 가르쳐준 신으로도 숭배되었다.

바다뿐 아니라 강, 샘, 지하수 등의 수원을 지배한다. 예로부터 뱃사람들은 포세이돈에게 안전한 항해를 기원하기도 했다.

포세이돈이 전차를 몰면...

포세이돈은 지진을 관장하는 신이기도 했다. 거처하는 올림포스산이나 해저 궁전을 나와 외출할 때는 전차를 몰았다. 해마가 끄는 전차가 달리기 시작하면 바다와 땅이 뒤집어진다고 했으며, 그만큼 성미가 난폭한 신으로 여겨졌다.

여러 자녀를 둔 포세이돈

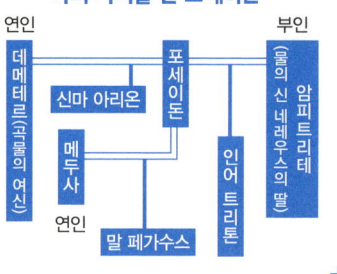

세계의 신들

10년에 걸친 신들의 장렬한 전투

티탄 신족과 올림포스 신족의 승패를 좌우한 가이아

제우스는 아버지 크로노스를 신들의 왕으로 추대하는 티탄 신족과 오랫동안 전쟁을 했다. 바로 세계를 걸고 싸운 티타노마키아(티탄 신족과의 전쟁)다.

제우스는 포세이돈과 하데스 등의 신들을 올림포스의 궁전으로 소집해 힘을 합쳐 싸웠다. 하지만 티탄 신족 또한 신의 군대였다. 한 치의 양보 없는 격렬한 전쟁은 10년이 지나도록 판가름이 나지 않았다.

그러자 태초의 신 가이아가 나섰다. 가이아는 제우스에게 자신의 아들이자 남편인 우라노스가 나락•에 가둔 자식인 외눈박이 거

- 죽은 자들의 나라인 명계에서도 더 아래로 내려가야 나오는 막다른 공간. 키클롭스와 헤카톤케이르가 구출된 대신 전쟁에서 패배한 티탄 신족이 유폐되었다.

인 키클롭스와 머리가 50개, 팔이 100개 달린 괴력의 소유자 헤카톤케이르를 구출해 아군으로 삼으라고 했다.

제우스는 포세이돈, 하데스를 데리고 나락으로 내려가 괴상한 모습을 한 키클롭스와 헤카톤케이르를 풀어주었다. 어둠의 세계에서 벗어난 이들은 제우스의 강력한 힘이 되어주었다.

뛰어난 대장장이였던 키클롭스는 제우스와 그 형제들에게 무적이라고 해도 손색없을 만한 무기를 만들어주었다. 헤카톤케이르는 100개의 팔로 티탄 신족을 향해 바위를 연거푸 날려댔다.

올림포스 신족의 줄기찬 공격에는 티탄 신족도 항복하는 수밖에 없었다. 세상은 올림포스 신족의 치하에 들어갔고 제우스는 아버지를 대신해 신들의 왕이 되었다.

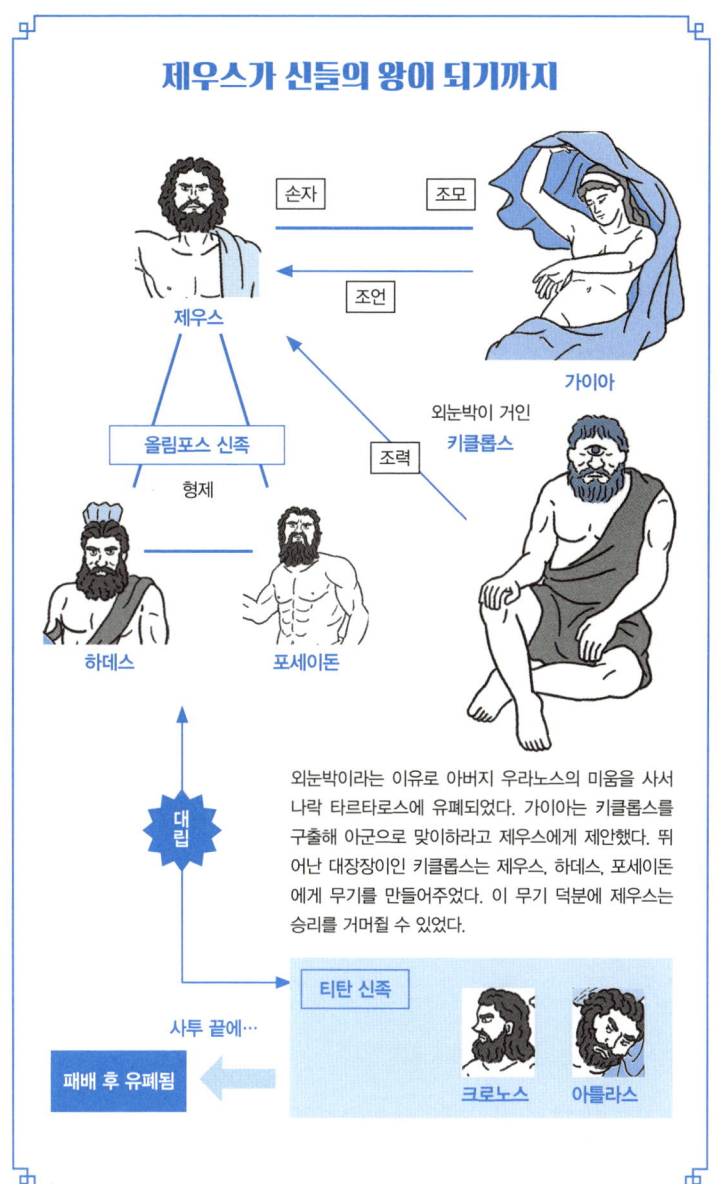

불굴의 영웅 헤라클레스

헤라의 질투심 때문에 고통받으면서도 용감하게 고난을 극복하다

제우스와 인간계의 공주 알크메네 사이에서 태어난 아들 헤라클레스. 그의 탄생은 제우스의 아내 헤라의 질투를 유발했기 때문에 헤라클레스는 평생을 헤라의 계략에 시달려야 했다.

알크메네에게는 약혼자가 있었으나 그녀의 아름다움에 반한 제우스는 알크메네를 유혹했다. 알크메네가 약혼을 이유로 거절하자 제우스는 약혼자로 둔갑해 알크메네를 속이고 동침했다.

알크메네 모자는 피해자였으나 그렇다고 사정을 봐줄 헤라가 아니었다. 헤라는 이제 막 태어난 헤라클레스의 요람으로 독사를 보냈는데 갓난아이인 헤라클레스는 무서워하지도 않고 맨손으로 독사의 목을 졸라 죽였다.

제우스의 피를 이어받은 헤라클레스는 누가 봐도 감탄할 만큼 늠름한 젊은이로 성장했다. 사랑하는 아내와의 사이에서 아이도 여럿 태어났다.

　복수할 기회만 호시탐탐 노리던 헤라는 헤라클레스에게 광기를 불어넣어 아내와 아이들을 제 손으로 몰살하게 했다.

　정신을 차린 헤라클레스는 미쳐버릴 듯한 슬픔에 탄식하며 속죄할 방법을 신에게 물었다. 그러자 미케네의 왕•이 시키는 과업을 완수하라는 신탁이 내려왔다. 헤라클레스는 미케네의 왕을 찾아갔고 명령받은 과업에 도전하는 모험을 떠났다.

- 원래라면 헤라클레스가 미케네 왕국의 왕좌에 올라야 했다. 하지만 헤라의 음모로 미케네의 왕이 헤라클레스보다 빨리 태어나면서 그가 왕이 되었다. 미케네의 왕은 헤라클레스의 영웅적인 면모를 질투해서 험난한 열두 가지 과업을 부여했다.

그리스 신화에서 제일가는 인기를 자랑하는 헤라클레스

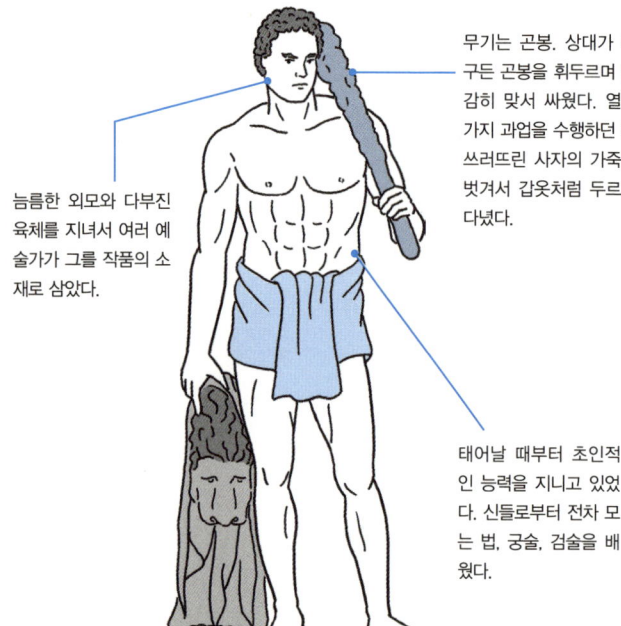

늠름한 외모와 다부진 육체를 지녀서 여러 예술가가 그를 작품의 소재로 삼았다.

무기는 곤봉. 상대가 누구든 곤봉을 휘두르며 용감히 맞서 싸웠다. 열두 가지 과업을 수행하던 중 쓰러뜨린 사자의 가죽을 벗겨서 갑옷처럼 두르고 다녔다.

태어날 때부터 초인적인 능력을 지니고 있었다. 신들로부터 전차 모는 법, 궁술, 검술을 배웠다.

헤라클레스와 관련 있는 별자리

별자리 중에는 헤라클레스의 모험에서 유래한 이름이 몇 가지 있다. 첫 번째 모험인 불사의 몸을 지닌 사자 처치에서는 사자자리가, 독사 히드라를 처치할 때 등장한 게에서는 게자리가, 에리만토스의 멧돼지 생포에 등장하는 스승 케이론이 활시위를 당기는 모습에서는 사수자리가 만들어졌다.

사자자리   사수자리   게자리

영웅 헤라클레스의 모험

괴물 처치부터 외양간 청소까지 각종 과업을 수행하다

    헤라클레스에게 주어진 첫 번째 과업은 네메아의 사자를 처치하는 일이었다. 날카로운 칼조차 들지 않는 단단한 가죽을 지닌 사자를 꼬박 3일에 걸쳐 목 졸라 죽인 다음 가죽을 벗겼다. 이후 헤라클레스는 <u>사자 가죽을 몸에 걸치고 머리 부분을 투구처럼 덮어쓰고 다녔다.</u> 그 모습이 그를 상징하는 트레이드마크가 되었다.

    그 밖에도 독사 히드라•와 머리가 3개 달린 명계의 문지기 케르베로스 등의 괴물을 처치하거나 생포했다. 개중에는 아마존 부족의 여왕에게서 허리띠 뺏어오기, 30년 동안 청소한 적 없는 외양간 치우기 등의 얼토당토않은 과업도 있었다.

- 아르고스 지방의 늪에 살며 인간과 가축에게 해를 입혔다. 머리가 9개 달린 거대한 뱀의 모습을 하고 있다.

여러 신들의 도움을 받으며 열두 가지 과업을 무사히 완수한 다음 헤라의 저주가 풀리자 헤라클레스는 두 번째 부인을 맞이했다.

두 사람은 서로를 사랑했으나 아내를 납치하려던 악당 네소스를 죽이면서 헤라클레스는 마지막 시련에 처하게 된다.

네소스는 숨이 끊어지기 전 자신의 피는 사랑의 묘약이라고 헤라클레스의 아내에게 속삭였다. 이 말을 곧이곧대로 믿은 헤라클레스의 아내는 남편의 마음이 변하지 말았으면 하는 마음에 네소스의 피를 헤라클레스의 속옷에 발랐다. 사실 네소스의 피는 맹독이었는데 말이다.

속옷을 입자마자 견딜 수 없는 고통이 찾아왔고, 참다못한 헤라클레스는 시종을 시켜서 자신을 산 채로 화장하도록 명령했다.

올림포스의 신들은 고난에 시달렸던 헤라클레스의 영혼을 맞이해 그를 신으로 받아들였다.

헤라클레스의 열두 가지 과업 완수를 위한 모험

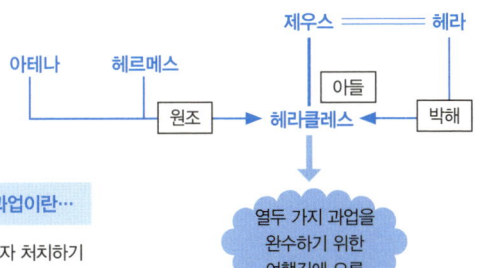

열두 가지 과업이란…

① 네메아의 사자 처치하기
② 독사 히드라 처치하기
③ 황금 뿔이 달린 사슴 생포하기
④ 에리만토스의 멧돼지 생포하기
⑤ 30년 동안 청소한 적 없는 외양간 치우기
⑥ 청동 날개를 지닌 새떼 처치하기
⑦ 황소 생포하기
⑧ 식인 말 생포하기
⑨ 아마존 부족의 여왕에게서 허리띠 뺏어오기
⑩ 거인이 기르는 소 생포하기
⑪ 황금 사과 구해오기
⑫ 머리 3개 달린 명계의 문지기 케르베로스 생포하기

아틀라스

헤라클레스의 열한 번째 과업에는 아틀라스가 등장한다. 아틀라스는 티타노마키아에서 패배한 뒤 하늘을 떠받치는 벌을 받고 있었다.

케르베로스

명계에서 케르베로스를 데려왔으나 그 무시무시함에 빨리 되돌려 보내라는 말을 들었다.

1장 | 신들이 펼치는 애증극 그리스 신화의 신들

전 세계를 뒤집어 놓은 신과 거인의 전쟁

세상을 걸고 싸운 올림포스 신족과 거인들의 장렬한 전쟁

세계를 손에 넣은 제우스와 올림포스의 신족. 하지만 자식인 티탄 신족이 나락에 유폐되자 가이아는 지금까지 편을 들어왔던 손자 제우스를 향한 분노를 숨길 수 없었다.

가이아는 괴상한 모습을 한 거구의 존재들을 낳았다. 이들은 엄청난 괴력을 자랑했으며 하반신은 뱀이었는데 괴성을 지르며 활활 타는 거목과 커다란 바위를 신들을 향해 던졌다.

이에 맞서는 신들도 저마다의 강점을 살려 분투했으나 이번 전쟁 즉, 기간토마키아*의 승패를 좌우한 이는 인간 영웅 헤라클레스였다.

- 거인들과 올림포스 신족 사이의 전쟁. 가이아가 제우스에 맞서 싸우게 한 거인들이 기가스족이라고 불렸던 데에서 유래한 이름이다.

제우스가 인간과의 사이에서 아들을 낳은 이유는 거인족과의 전쟁에서 승리하려면 인간 영웅이 필요하다는 예언이 있었기 때문이다. 예언대로 대활약을 펼친 헤라클레스 덕분에 올림포스 신족 진영은 우위를 점할 수 있었다.

수세에 몰린 가이아는 마지막 수단으로 나락의 신 타르타로스와 관계를 맺어 최강의 괴물 티폰을 낳았다. 티폰의 위력에 한때 붙잡혀 가기도 했던 제우스는 아들 헤르메스의 기지 덕에 구출되었고, 벼락을 휘두르며 티폰을 몰아간 끝에 승리했다.

이후 티탄 신족을 나락에서 해방시킨 제우스는 그리스 신화 세계의 진정한 왕이 되었다.

신들의 끝나지 않는 전쟁 기간토마키아

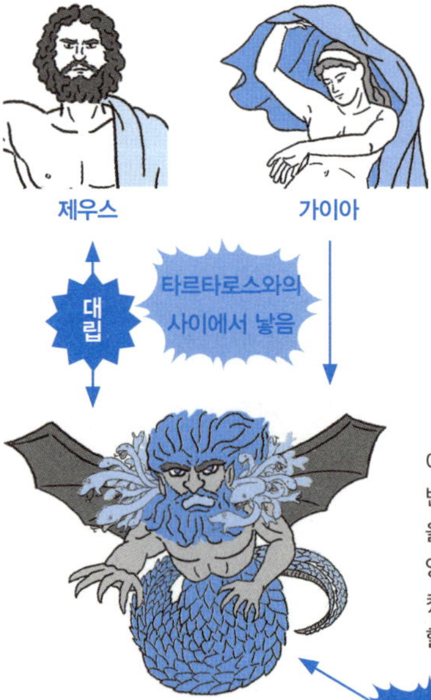

제우스

가이아

대립

타르타로스와의 사이에서 낳음

이번에도 전쟁의 원인은 가이아?

기간토마키아가 발발한 원인은 티타노마키아가 끝난 뒤 제우스가 티탄 신족을 유폐한 데에 가이아가 분노했기 때문이다. 정작 가이아는 티타노마키아 때는 제우스의 승리를 위해 조언을 해주었다. 그보다 더 이전인 우라노스를 살해할 때는 자신의 아들 크로노스에게 싸울 것을 종용했다.

괴물 티폰

어깨에는 뱀 머리가 100개 달려 있고, 하반신은 큰 뱀이 똬리를 틀고 있는 모습을 한 거구의 괴물. 정수리는 별에 닿고 양팔을 뻗으면 세계의 끝에 닿을 정도로 컸다. 천하의 제우스도 속수무책으로 당할 수밖에 없던 괴물이다.

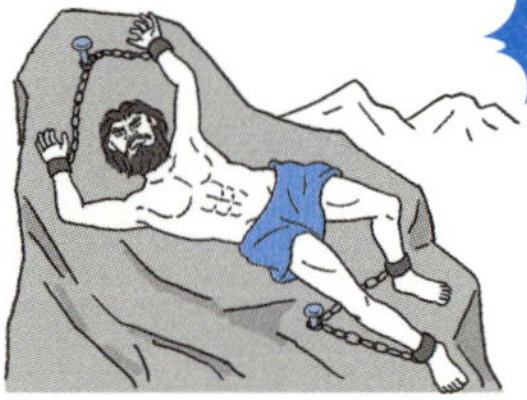

타도 작전을 도움

프로메테우스

티탄 신족의 일원. 티타노마키아 때 제우스의 편을 들었던 덕분에 티탄 신족이 패배했음에도 자유의 몸으로 살아갈 수 있었다. 하지만 인간을 동정한 나머지 천상의 불을 훔쳐다준 일로 제우스의 분노를 사서 바위산에 결박당하는 형벌을 받게 된다. 훗날 헤라클레스의 도움으로 구출되었고 제우스와도 화해했다.

반신반인 헤라클레스

세계의 신들

교활한 신들의 심부름꾼 헤르메스

도둑질하고 거짓말하는 재능이 필요했던 제우스가 만든 신

　제우스는 만일의 사태에 대비해서 약삭빠른 꾀와 거짓말하는 재능을 지닌 동료가 있었으면 하고 바랐다. 이 때문에 한밤중에 아내 헤라의 눈을 피해 그동안 지켜봐왔던 여신을 몰래 찾아가 아이를 만들었다.

　이렇게 해서 태어난 헤르메스는 아버지 제우스의 기대대로 도둑질과 거짓말에 천부적인 재능을 보였다. 태어난 날 곧바로 배다른 형인 아폴론이 키우던 소 50마리를 훔쳤다.

　헤르메스는 요람으로 돌아와 자던 중에 아폴론에게 붙잡혀, 아버지 제우스의 앞에 끌려가서도 "이제 막 태어난 제가 어떻게 그러한 일을 했겠어요?"라며 시치미를 뚝 떼고 모른 척 거짓말을 했다.

　모든 일을 꿰뚫어 본 제우스는 자신이 바라던 모습이라며 크게 기뻐하고는 아폴론에게 소를 돌려주라 하고 둘을 화해시켰다.

헤르메스가 발명한 리라가 마음에 들었던 아폴론은 무엇이든 잠들게 할 수 있는 지팡이를 주고 리라를 넘겨받았다. 이후 헤르메스와 아폴론은 올림포스 12신* 중에서 가장 친한 사이가 되었다.

헤르메스는 빈틈없는 똘똘함과 민첩함을 발휘해 신과 거인의 전쟁 때 제우스를 도왔다. 신들의 전령으로 일하는 한편 상업과 무역, 여행자들의 수호신으로도 활약했다.

- 제우스, 헤라, 포세이돈, 헤스티아, 데메테르, 아테나, 아폴론, 아르테미스, 아레스, 헤파이스토스, 아프로디테, 헤르메스. 제우스의 형제 하데스는 지하 깊은 곳에 있는 명계의 왕이므로 신들의 모임에 참석할 수 없어 12신에 포함되지 않는다.

신들의 전령사 헤르메스

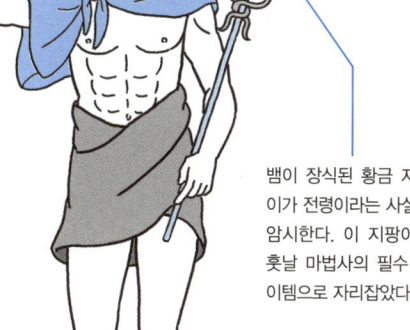

날개 달린 챙 넓은 모자를 쓴 미청년. 로마 신화의 메르쿠리우스(영어식 발음은 머큐리)와 동일시된다.

뱀이 장식된 황금 지팡이가 전령이라는 사실을 암시한다. 이 지팡이는 훗날 마법사의 필수 아이템으로 자리잡았다.

신들 가운데에서도 가장 발이 빠르고 발놀림이 가벼워서 스포츠맨들로부터 숭배받았고 체육의 신으로도 여겨졌다.

헤르메스의 아들 판

판은 염소의 다리와 뿔을 갖고 기다란 턱수염을 늘어뜨린 특이한 외모를 하고 태어났는데 그 모습이 신들을 웃게 해서 판은 신들의 축복을 받았다.

제우스의 참모다운 다재다능한 면모

헤르메스는 꾀가 많고 속임수에도 능했기에 계략의 신, 웅변과 음악의 신으로도 추앙받았다. 리라, 피리, 숫자, 알파벳, 천문학, 도량형을 발명하고 불 피우는 법을 알아내 인간에게 알려주었다. 신들 중에서도 보기 드물게 인간에게 호의적인 존재로 묘사된다.

전쟁을 즐긴 군신
아레스

제우스와 헤라 사이에 태어난 유혈을 즐긴 잔인한 신

　제우스와 헤라 사이에서는 전쟁의 신 아레스, 청춘의 여신 헤베, 출산의 여신 에일레이티이아● 등이 태어났다.

　전쟁을 관장하는 신으로는 여신 아테나도 있었다. 아테나는 제우스와 그의 첫 번째 아내이자 지혜의 여신인 메티스의 사이에서 태어난 딸이다. 자식이 반역을 일으킬 것이라는 예언을 두려워한 제우스는 아테나를 임신하고 있던 메티스를 삼켜버렸다. 아테나는 아버지 제우스의 머릿속에서 성장했고, 산달이 되자 이마를 깨고 나왔다.

　똑같이 전쟁을 관장하는 신이면서도, 총명하고 자비로우며 용

● 헤베는 청춘을 관장하는 아름다운 처녀신으로 어머니 헤라의 가장 큰 총애를 받았다. 에일레이티이아는 헤라를 섬긴 출산과 산모의 보호자 격인 신이다.

맹함을 상징하는 아테나에 비해 아레스는 살해와 유혈이 낭자한 모습을 즐겼다.

이와 같은 잔인한 면모 때문에 다른 신들도 아레스를 멀리했다고 한다. 올림포스 12신이면서도 이렇다 할 공적도 남기지 못했다. 그래도 용모만큼은 눈이 부실 정도로 미남이었다고 한다.

한편 제우스가 머릿속에서 딸을 키워낸 것과는 대조적으로 헤라는 홀로 대장장이의 신 헤파이스토스를 낳았다. 그는 훗날 미의 여신 아프로디테의 남편이 되었다.

아프로디테의 불륜 상대였던 아레스는 헤파이스토스가 침실에 설치한 덫에 걸려 아프로디테와 벌거벗은 채 뒤엉켜 있는 모습을 신들에게 들키는 치욕을 당한 불명예스러운 이야기로도 잘 알려져 있다.

싸움을 좋아한 전쟁의 신 아레스

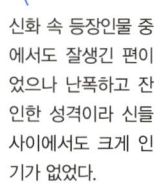

갑옷을 두르고 검을 쥔 채로 전쟁터를 누볐으나 트로이 전쟁에서는 인간에게 패하고 반인반신 헤라클레스에게도 패하는 등 체면을 구겼다.

신화 속 등장인물 중에서도 잘생긴 편이었으나 난폭하고 잔인한 성격이라 신들 사이에서도 크게 인기가 없었다.

전승에 따르면 키가 200미터나 되는 장신이다. 성벽을 밟아 뭉개버릴 수 있을 정도였기 때문에 성벽의 파괴자라고도 불렸다.

또 다른 군신 아테나

아레스의 배다른 형제인 여신 아테나도 전쟁을 관장하는 신이다. 자비로운 아테나는 아레스와 달리 아버지 제우스에게 사랑받았다.

로마 신화에서는 인기 있는 신

아레스는 그리스 신화에서는 거칠고 사나운 성격 탓에 미움을 받았으나 로마 신화에서는 군신이자 농경의 신인 마르스와 동일시되었다. 마르스는 로마를 건국한 로물루스의 아버지이기도 하며 두터운 신앙을 받았다. 로마 신화에서는 용감한 성격의 이상적인 전사로 재탄생하며 단번에 지위가 상승했다.

세계의 신들

그리스 신화 제일가는
아름다운 신 아폴론

헤라의 방해에도 굴하지 않고 태어난 눈부신 신탁의 신

아폴론은 제우스와 여신 레토 사이에서 태어났다. 듬직한 미남으로, 태어날 때 온몸에서 황금빛이 뿜어져 나왔다는 말이 있다.

어머니 레토는 제우스의 아내 헤라의 질투 때문에 출산할 곳을 찾지 못한 채로 떠돌아야 했다. 게다가 헤라는 출산의 여신 에일레이티이아의 발까지 묶어버렸다. 레토는 꼬박 9일을 진통에 시달렸다.

보다 못한 여신들이 도와준 덕분에 겨우 태어난 아이들이 아폴론과 아르테미스다.

아폴론은 지성과 예술, 운동 등 다양한 재능을 타고났으며 제우스의 뜻을 인간에게 전하는 역할을 맡기도 했다.

동시에 아폴론에게는 다혈질에 잔혹한 면도 있었다고 한다. 궁술의 신으로도 여겨졌는데 활을 쏘아 죽음과 역병을 일으키는 무시무시한 신이기도 했다. 반면 질병과 재앙을 없애주는 치유의 신이라는 면모도 지니고 있었다.

아폴론은 인기 있는 신이었으나 사랑의 신 에로스의 장난으로 한눈에 반해버린 강의 님프(정령) 다프네•에게는 거절당했다.

다프네는 아폴론에게서 벗어나기 위해 월계수로 변해버렸다. 아폴론은 월계수를 자신을 상징하는 나무로 삼았다. 이후로 예술, 운동 경기 등의 우승자에게 명예의 증거로 월계관을 수여하게 되었다.

- • '월계수'라는 뜻의 이름을 지닌 아름다운 님프. 아폴론은 사랑의 신 에로스를 비웃었는데 그 벌로 에로스의 황금 화살을 맞고 사랑에 빠졌다.

세계를 비추는 빛나는 신 아폴론

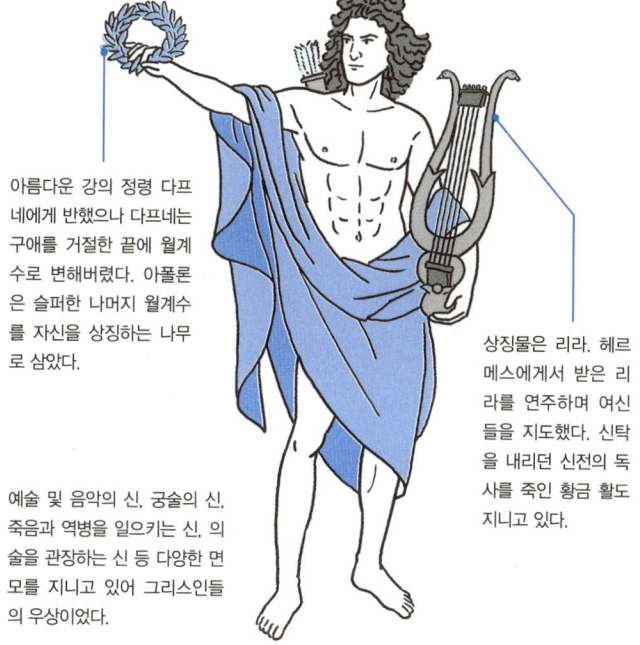

아름다운 강의 정령 다프네에게 반했으나 다프네는 구애를 거절한 끝에 월계수로 변해버렸다. 아폴론은 슬퍼한 나머지 월계수를 자신을 상징하는 나무로 삼았다.

상징물은 리라. 헤르메스에게서 받은 리라를 연주하며 여신들을 지도했다. 신탁을 내리던 신전의 독사를 죽인 황금 활도 지니고 있다.

예술 및 음악의 신, 궁술의 신, 죽음과 역병을 일으키는 신, 의술을 관장하는 신 등 다양한 면모를 지니고 있어 그리스인들의 우상이었다.

9일간의 진통 끝에

아폴론의 어머니 레토는 제우스의 질투심 많은 아내 헤라의 분노를 산 결과, 꼬박 9일 밤낮을 산고에 시달리는 고통을 느껴야 했다.

신탁을 전하는 역할도

아폴론은 제우스의 신탁과 뜻을 인간에게 전하는 역할도 맡았는데, 신탁을 전하는 델포이 신전의 주인이기도 했다. 제우스의 신탁을 인간에게 전하는 임무는 제우스가 인간계를 지배하는 데 반드시 필요하고 중요한 일이었다. 다만, 아폴론의 말은 때로 이해하기 힘든 부분도 있었다고 한다.

그리스 신화

사랑과 미와 풍요의 여신 아프로디테

신의 남근에서 태어나 염문을 뿌리고 다닌 미의 여신

마주치는 이들을 모두 사로잡았다고 하는 미의 여신 아프로디테의 탄생에는 특이한 부분이 있었다.

만물의 근원인 대지이자 태초의 신인 가이아의 계략으로 아들 크로노스 손에 남근을 잘린 우라노스. 바다로 던져진 우라노스의 남근은 파도에 쓸려갔다. 머지않아 거품(아프로스)에 싸인 남근은 아름다운 여신이 되었다.

벌거벗은 채로 떠내려가던 아프로디테가 키프로스섬에 상륙하자 그녀의 발밑에는 풀이 돋고 꽃이 피어났다. 이 모습을 본 사랑의 신 에로스는 아프로디테를 어머니처럼 따랐다. 계절의 세 여신은 아프로디테를 섬기겠다고 맹세하며 신의 의복을 걸치게 한 다음 올림포스산으로 데려갔다.

너무나도 아름다운 모습에 신들마저 놀랐고, 제우스는 아프로디테를 양녀로 삼기로 했다.

이 미모의 여신이 대장장이의 신 헤파이스토스*와 결혼했다니 의아하지 않을 수가 없다. 헤라가 낳은 헤파이스토스는 털이 덥수룩한데다 다리가 불편해 외모가 보기 썩 좋지 않았기 때문이다.

남편에게 불만을 품었던 아프로디테는 씩씩하고 용모가 수려한 전쟁의 신 아레스와 바람을 피웠는데 남편이 놓은 덫에 걸려 부끄러운 불륜 현장을 신들에게 들키고도 아레스와의 관계를 이어 나갔다.

아레스와의 사이에서 자녀를 낳고, 인간을 상대로도 바람을 피웠는데 태어난 자녀 대부분은 불우한 인생을 살았다.

- 제우스와 헤라의 아들로 불꽃과 대장장이의 신. 성실하고 일을 열심히 했다. 제우스를 비롯한 여러 신의 무기를 제작했다.

사랑과 미의 화신 아프로디테

누구나 반하는 미모와 요염한 분위기를 지녔다. 다만 자유분방해서 숱하게 염문을 뿌리고 다녔다.

잘려 나간 뒤 바다에 던져진 우라노스의 남근에서 거품이 일어나며 그 안에서 태어났다고 한다.

르네상스의 거장 보티첼리가 그린 『비너스의 탄생』으로 유명하다. 아프로디테가 키프로스섬에 상륙하자 발밑에는 풀이 돋아나고 작은 새와 동물들이 모여들었으며 아름다움과 사랑이 태어났다고 한다.

남근에서 태어난 미녀

잘려 나간 우라노스의 남근은 바다에 던져졌는데 아프로디테가 태어난 장소는 그곳에서 한참 떨어진 키프로스섬 부근이다. 떨어져 나간 조각일 때도 신의 힘은 컸음을 알 수 있다.

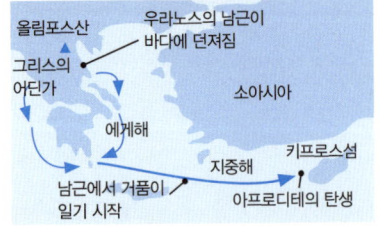

신들은 왜 나체일까?

신들을 묘사한 그림은 전라 혹은 반라가 대부분이다. 하지만 원래부터 그렇지는 않았다. 헐벗은 그림은 르네상스 이후 정착된 스타일이다. 의뢰인의 요청에 따라 교회의 눈을 피하면서도 에로틱함을 표현하기 위해 신화의 신들을 이용한 것이다.

세계의 신들

사랑의 여신
아프로디테의 비련

사랑하는 이를 잃고 슬픔에 잠겨 탄식하는 운명

아프로디테와 아레스 사이에는 3명의 자녀가 있었다. 포보스와 데이모스는 공포의 신으로, 아버지 아레스와 함께 전장으로 가서 사람들을 공포에 몰아넣으며 아버지를 기쁘게 했다.

세 번째 자녀인 조화를 관장하는 여신 하르모니아는 인간계의 영웅 카드모스와 결혼했다. 하지만 간음을 통해 태어난 자녀라는 이유로, 전쟁의 여신 아테나와 아프로디테의 남편 헤파이스토스가 하르모니아에게 결혼 선물이라는 명목하에 저주를 걸었다. 그 결과, 카드모스는 뱀이 되었고 그를 끝까지 껴안고 있던 하르모니아도 결국은 뱀으로 변해버리고 말았다.

하르모니아뿐 아니라 포보스와 데이모스, 아프로디테도 슬픈 운명을 맞이하게 된다.

아도니스는 아프로디테를 분노케 해서 부왕과 사랑에 빠지는 저주에 걸린 딸과 아버지 사이에서 태어났다. 아프로디테는 이 아름다운 청년을 사랑하게 되었다.

연적 페르세포네•는 아프로디테를 선택한 아도니스에게 복수하기 위해 아레스에게 둘 사이를 밀고했다. 격노한 아레스는 멧돼지로 변신해 송곳니로 아도니스를 찔러 죽였다.

아프로디테의 눈물은 진홍색 장미꽃이 되었고, 아도니스가 흘린 피는 대지에 흩뿌려졌는데 새빨간 아네모네꽃이 피어났다는 이야기가 전해진다.

- 제우스와 데메테르의 딸로, 어머니 데메테르를 도와 꽃을 피워내는 여신이다. 명계의 왕 하데스가 납치해 아내로 삼으면서 명계의 여왕이 되었다.

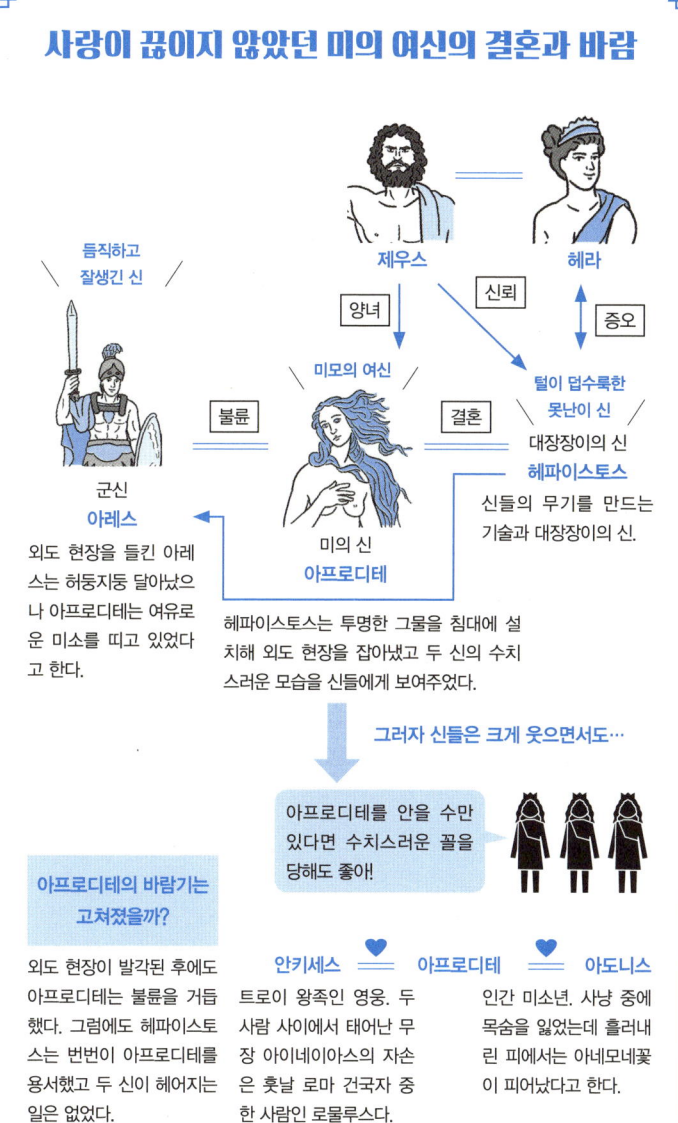

최초의 인간 여성
판도라

인간을 혼내기 위해 만들어져 세상에 재앙을 불러온 존재

판도라는 제우스의 명령으로 만들어진 최초의 인간 여성이다. 헤파이스토스가 흙을 빚어 만들었고 아프로디테가 남자를 유혹하는 매력을, 헤르메스가 거짓말과 교활함 등을 부여했다.

여신들이 화려한 옷과 장식품으로 꾸며준 판(모든)도라(선물)는 인간 세상으로 보내졌다. 인간을 고난에 빠뜨리기 위해서다.

이는 프로메테우스가 천상의 불을 훔쳐 굶주림과 추위에 시달리던 인간에게 나누어준 데에 대한 벌이었다. 프로메테우스도 바위산에 결박당한 채로 매일 독수리에게 뜯어먹히는 벌을 받았다 (40쪽 참조).

인간계로 내려간 판도라는 제우스가 절대 열어서는 안 된다고 신신당부한 항아리 안을 들여다보고 말았다.

항아리의 뚜껑을 열자 안에서는 온갖 것들이 튀어나왔다. 판도라가 허둥지둥 뚜껑을 덮었지만 이미 엎질러진 물이었다. 항아리 안에 남은 것은 단 하나였다.

전 세계로 역병, 범죄, 비탄, 의심과 같은 재앙이 퍼져 나갔고 이때부터 인간은 평생을 두려움에 떨고 걱정으로 지새며 살아가게 되었다.

한편 항아리 안에 남아 있던 것은 희망(엘피스*)이었다. 어려움과 절망에 빠져 있을지라도 앞날에 희망을 품는 일만큼은 허락되었음을 의미한다.

- 판도라가 연 항아리에 마지막까지 남아 있던 것. 희망, 전조, 기대 등을 뜻하는 고대 그리스어다.

이 세상에 재앙을 불러온 판도라

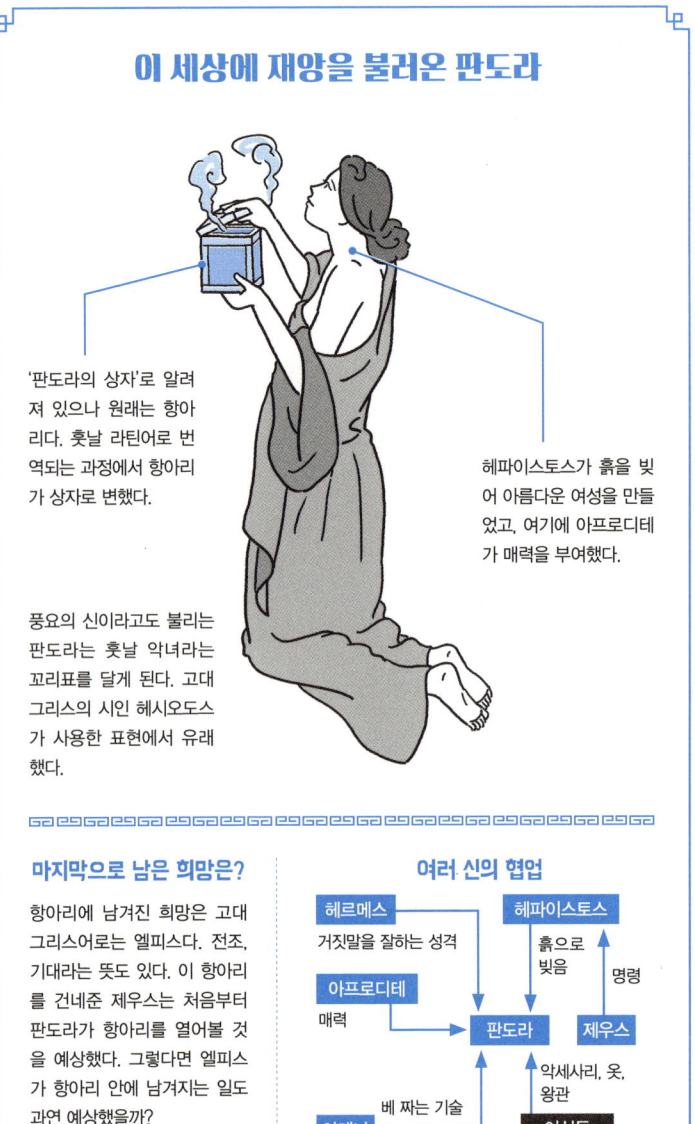

'판도라의 상자'로 알려져 있으나 원래는 항아리다. 훗날 라틴어로 번역되는 과정에서 항아리가 상자로 변했다.

헤파이스토스가 흙을 빚어 아름다운 여성을 만들었고, 여기에 아프로디테가 매력을 부여했다.

풍요의 신이라고도 불리는 판도라는 훗날 악녀라는 꼬리표를 달게 된다. 고대 그리스의 시인 헤시오도스가 사용한 표현에서 유래했다.

마지막으로 남은 희망은?

항아리에 남겨진 희망은 고대 그리스어로는 엘피스다. 전조, 기대라는 뜻도 있다. 이 항아리를 건네준 제우스는 처음부터 판도라가 항아리를 열어볼 것을 예상했다. 그렇다면 엘피스가 항아리 안에 남겨지는 일도 과연 예상했을까?

여러 신의 협업

- 헤르메스 — 거짓말을 잘하는 성격
- 아프로디테 — 매력
- 아테나 — 베 짜는 기술
- 헤파이스토스 — 흙으로 빚음
- 제우스 — 명령
- 여신들 — 악세사리, 옷, 왕관

→ 판도라

세계의 신들

신과 영웅이 사랑한 강력한 무기
그리스 신화

강력한 힘을 보여주는 무기. 위대한 신과 영웅은 그들을 상징하는 특별한 무기를 지니고 있다. 어떤 무기가 있는지 살펴보자.

1. 최고신 제우스

거인 키클롭스가 만든 케라우노스는 무시무시한 섬광을 내뿜는 그야말로 하늘의 신을 상징하는 무기다. 이 무기 덕분에 제우스는 기간토마키아에서 승리할 수 있었다.

세상에 일격을 가하는 파괴력
케라우노스

Ⅱ. 바다의 신 포세이돈

포세이돈도 키클롭스가 만들어준 무기인 삼지창을 다루었다. 무기로 사용될 뿐 아니라 바다 생물을 통제하고 사냥감을 잡는 도구로도 사용되었다.

폭풍과 파도를 일으키는
삼지창

Ⅲ. 영웅 헤라클레스

헤라클레스는 괴력을 상징하기라도 하듯 굵직한 곤봉을 다루었다. 열두 가지 과업을 수행하는 과정에서 사자와 독사 히드라를 무찌를 때도 사용했다. 활도 무기로 다루었다.

한 번 휘두르기만 해도
산이 무너지는
곤봉

종말을 향해 나아가는 북유럽 신화의 신들

•

노르웨이, 스웨덴, 덴마크 등 북유럽에서 전승되어 온 북유럽 신화. 혹독한 추위라는 환경이 큰 영향을 미친 비장한 세계관 속에서 신과 영웅의 갈등이 펼쳐진다. 이들의 이야기를 함께 살펴보자.

북유럽 신화 신들의 계보

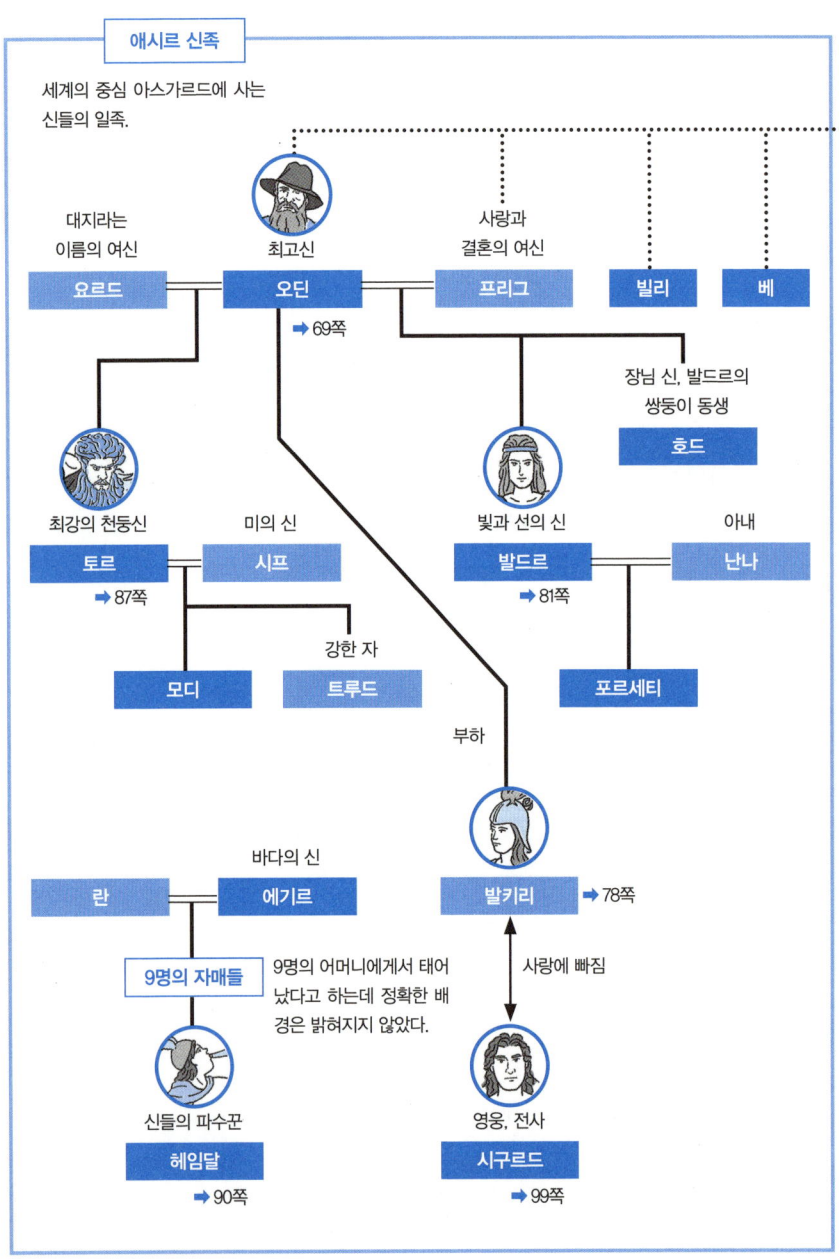

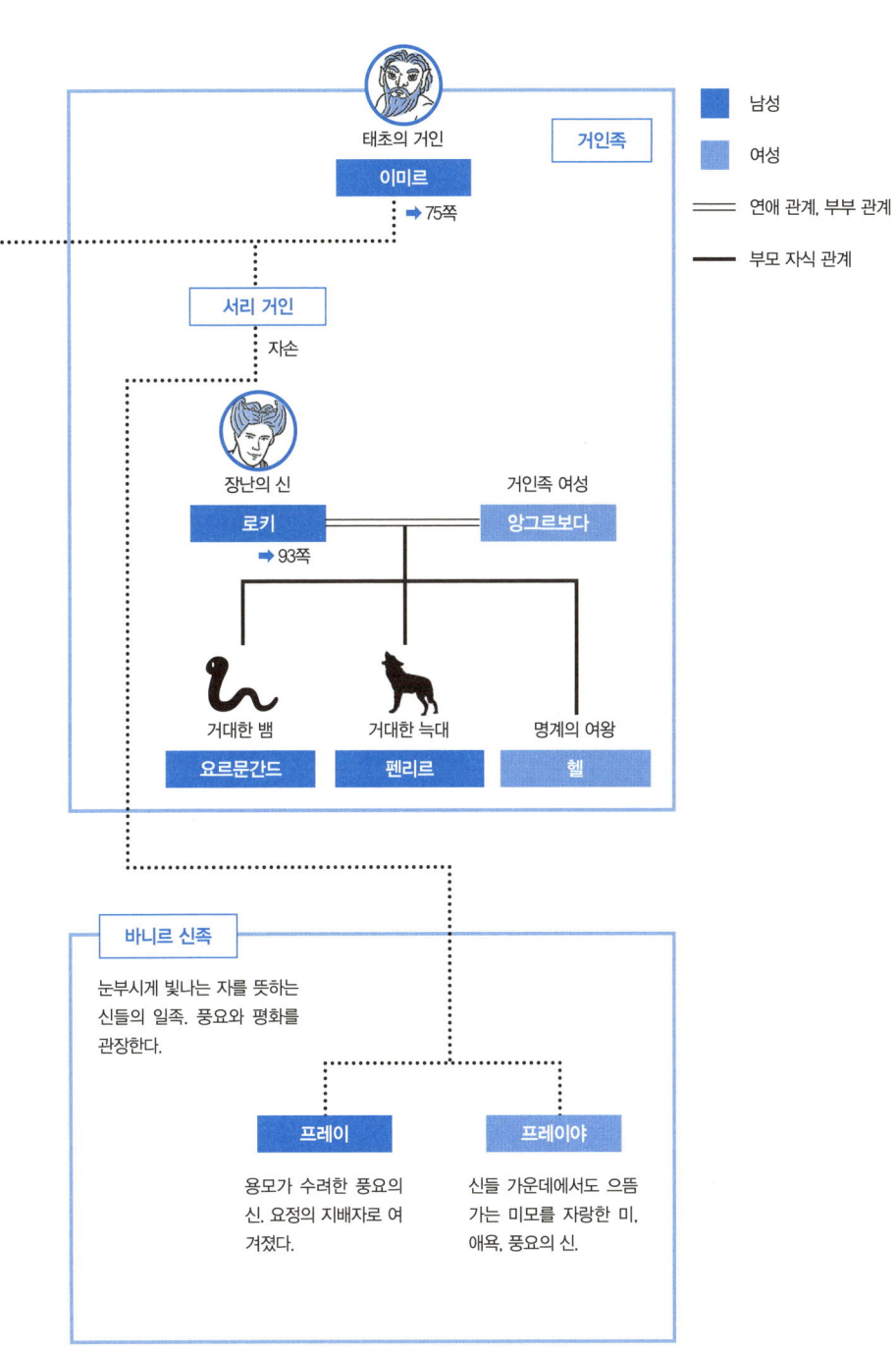

세계수가
지탱하는 세상

세상의 중심에 우뚝 선 거목 아래에서 벌어지는 사투

북유럽 신화는 스칸디나비아반도부터 독일 북부의 발트해 연안에 걸쳐 살았던 게르만인들 사이에서 전해져 내려온 신들의 이야기다.

애초에 세상에는 아무것도 존재하지 않았고 안개만이 자욱했다. 바로 여기서 북유럽 신화가 시작된다. 안개 속에서 태초의 신 거인 이미르가 탄생했고 거인족이 만들어졌다.

이때 최고신이라고 불리는 오딘도 탄생한다. 오딘은 거인족과 대립하는 애시르 신족의 중심적인 존재가 되어 이미르를 살해했다. 그리고 이미르의 살과 피, 뼈, 머리카락, 뇌 등을 재료로 삼아 천지를 창조했다.

북유럽 신화의 세계관은 세계수 이그드라실을 배경으로 펼쳐진다. 이그드라실은 세계의 중심을 관통하는 거대한 물푸레나무로 그 주위를 하늘, 지상, 지하 3개 층이 둘러싸고 있다.

하늘에는 오딘을 위시한 신들이 사는 아스가르드, 바나헤임, 알브헤임●이 있고 지상에는 인간계인 미드가르드와 거인족이 사는 요툰헤임, 그리고 지하에는 안개로 뒤덮인 니플헤임과 죽은 자의 세계 헬이 있다.

오딘 등 신들과 거인족의 장렬한 사투는 모두 이그드라실 안에서 벌어지는데 최후의 전쟁 라그나로크 때 오딘을 비롯한 신들은 멸망했다. 이그드라실도 불에 타면서 북유럽 신화는 종말을 맞이하게 된다.

- 바나헤임은 바니르 신족의 나라. 알브헤임은 빛의 요정들의 나라로, 가장 위층에 있으며 바니르 신족인 프레이가 그들의 왕이다.

북유럽 신화 속 세계의 중심은 거대한 나무

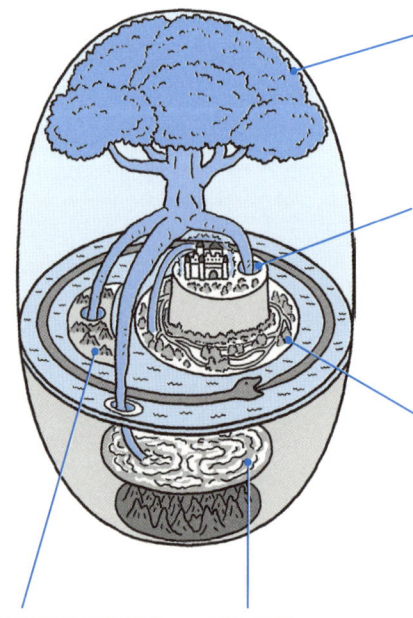

이그드라실
세계의 중심에 자리한 거목. 세 갈래의 뿌리가 세 나라의 샘과 이어져 있다.

신들의 나라 아스가르드
튼튼한 성벽으로 둘러싸여 있다. 신들이 내려다 볼 수 있는 위치에 인간의 나라가 있다.

인간의 나라 미드가르드
이미르의 속눈썹으로 만든 벽에 둘러싸여 있다. 중앙 고지대에 위치한 신들의 나라로 가기 위해서는 비프로스트라는 무지개다리를 건너야 한다.

거인의 나라 요툰헤임
신들의 나라와 인간의 나라 벽 바깥쪽에 멀찍이 떨어져 있다.

지하 세계
천지창조 이전부터 존재한 안개의 나라 니플헤임과 망자의 나라 헬이 있다.

북유럽 신화에 등장하는 종족들

① 신족
목숨, 생명력이라는 의미를 지닌 애시르 신족, 풍요와 부를 가져다주는 바니르 신족 등이 속한다.

② 거인족
신족과 대립했다. 태초의 신 이미르, 트릭스터의 대명사 로키와 같은 개성 넘치는 캐릭터들이 있다.

③ 인간족
영웅 시구르드 등 인간족은 신들의 지배하에 있다는 설정이다. 신들의 변덕과 싸움에 휘말리곤 했다.

지적이고 냉철한 최고신 오딘

신도 인간도 신통력으로 좌우했던 엄청난 지능의 소유자

북유럽 신화의 주역은 강렬한 위엄을 떨치며 애시르 신족의 우두머리로 군림하는 최고신 오딘이다. 오딘은 북유럽 신화에서 가장 인기가 많은 신이다.

오딘은 형제인 빌리, 베와 함께 거인 이미르를 살해하고 이미르의 육체로 천지를 창조했다.

만물을 만들어내고 전쟁, 죽음, 지식, 문예 등을 관장하며 주술로 세계를 지배하는 최강의 신 오딘은 떠내려온 통나무로 인간도 만들었다.

챙이 넓은 모자를 푹 눌러쓰고 파란 망토를 휘날리며 마법의 창 궁니르를 손에 든 노인의 모습으로 묘사되는 오딘. 다리가 8개인 말을 타고, 늑대 2마리와 까마귀 2마리를 거느린 채 이그드라실을 종횡무진했다.

지적 욕구도 매우 강해서 룬 문자[●]를 알아내기 위해 창에 자기 몸을 꿴 다음 이그드라실 가지에 걸어두고 9일 밤낮을 거꾸로 매달려 있었다는 놀라운 에피소드도 전해진다.

전투의 신으로 추앙받았기도 했는데 비호를 원하는 자에게는 승리를 가져다주었으나 때로는 전쟁을 일으켜서 신, 인간 가릴 것 없이 갑작스레 목숨을 앗아가는 등 상당히 냉철한 성격이기도 했다. 또 숱한 여성 편력으로도 잘 알려져 있다.

냉혹하고 부도덕하다고도 할 수 있는 오딘은 최후의 전쟁 라그나로크로 멸망하게 된다는 예언을 두려워했다. 오딘은 용의주도하게 전투 태세를 갖추고 전쟁에 임했으나 거대한 늑대 펜리르에게 잡아먹히며 허무하게 마지막 순간을 맞이하고 말았다.

● 게르만인이 사용했던 오래된 표음 문자. 기원후 100~200년경까지 사용된 것으로 알려져 있다. 라틴 문자로 대체되었다.

험난한 수행도 마다하지 않은 신들의 왕 오딘

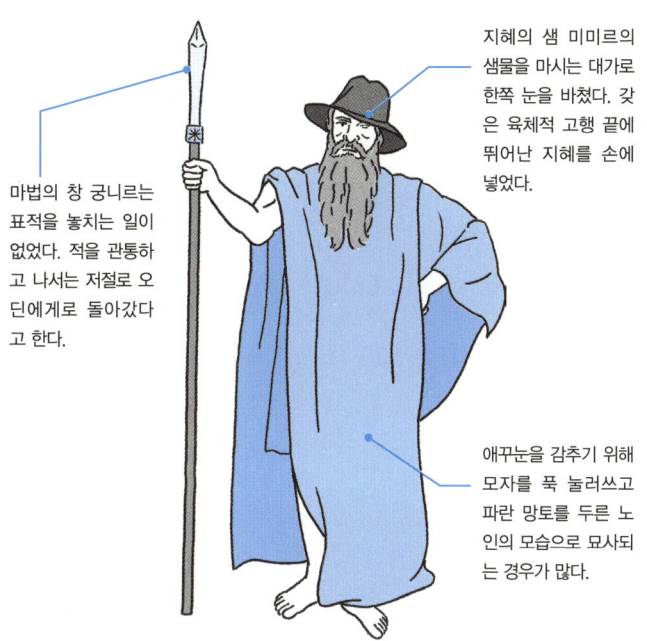

마법의 창 궁니르는 표적을 놓치는 일이 없었다. 적을 관통하고 나서는 저절로 오딘에게로 돌아갔다고 한다.

지혜의 샘 미미르의 샘물을 마시는 대가로 한쪽 눈을 바쳤다. 갖은 육체적 고행 끝에 뛰어난 지혜를 손에 넣었다.

애꾸눈을 감추기 위해 모자를 푹 눌러쓰고 파란 망토를 두른 노인의 모습으로 묘사되는 경우가 많다.

전지전능하지 않았던 신들

라그나로크 때 신들이 사망한 것을 보면 알 수 있듯이, 북유럽 신화 속 신들은 불로불사의 존재가 아니다. 최고신 오딘조차 아들의 죽음을 막거나 부활시키지 못했고 종말의 예언을 두려워했다. 마치 게르만인이 살던 냉엄하고 황량한 환경을 반영하기라도 한 듯 잔혹한 운명의 신화다.

오딘과 거인족

애시르 신족
주신
오딘 ―대립― **이미르**
거인족
주신

오딘이 이미르를 살해하고 천지를 만들었기 때문에 거인족의 자손이 성벽을 넘어서 습격해 올 것이라는 공포에 시달리게 된다.

자손

애시르 신족의 무기와 지식은 거인족이 가져다준 것이라고 하는 설이 많다. 거인족에게도 가족이 있으며 평범하게 살아간다는 설정이다.

2장 | 종말을 향해 나아가는 북유럽 신화의 신들

오딘이 창조한 세계

바다, 대지, 식물 등 모든 것의 재료가 된 거인 이미르

세계수 이그드라실을 중심으로 한 세계를 만든 애시르 신족의 최고신 오딘. 그의 천지창조는 거인 이미르의 육체를 재료로 삼아 이루어졌다.

이미르의 피는 바다와 강이, 살은 대지가 되었다. 머리카락으로 나무와 풀을, 이와 뼈로 암석과 산을, 뇌로 하늘에 떠다니는 구름을 만들었다. 두개골은 제일 위에 놓이면서 하늘이 되었고 여기에 태양, 달, 별도 배치되었다.

다음으로 오딘은 인간을 만들어냈다. 바다에 떠내려온 물푸레나무와 느릅나무를 주워다가 사람 모습으로 깎았다. 그리고 생명, 영혼, 두뇌, 언어 등을 주고 아스크와 엠블라라는 최초의 남녀를 창조했다.

오딘은 대지에 미드가르드라는 세계를 만들어 인간들을 살게 했다. 또 이미르의 속눈썹으로 벽을 둘러서 미스가르드를 감싸는 한편 거인들을 요툰헤임*이라고 불리는 곳에 가두었다.

오딘과 애시르 신족은 이그드라실 중앙에 만든 아스가르드에 살았다. 애시르 신족은 성벽을 쌓아 올리고는 황금이 번쩍이는 풍요로운 생활을 만끽했다.

그런데 바니르 신족과의 전쟁으로 튼튼한 성벽이 무너지고 말았다. 성벽을 고쳐주겠다고 나선 석공과 속고 속이는 일련의 사건이 벌어졌다. 결국은 거인임이 들통난 석공을 처단하고 성벽을 마저 재건했으나 애시르 신족 사이에 악한 감정이 퍼져나가며 서서히 멸망으로 가는 길을 걷기 시작했다.

- 신들과 인간의 나라에서 멀리 떨어진 곳에 있는 거인의 나라. 북동쪽 끝에 위치한다. 애시르 신족이 사는 아스가르드와의 사이에 강이 흐른다.

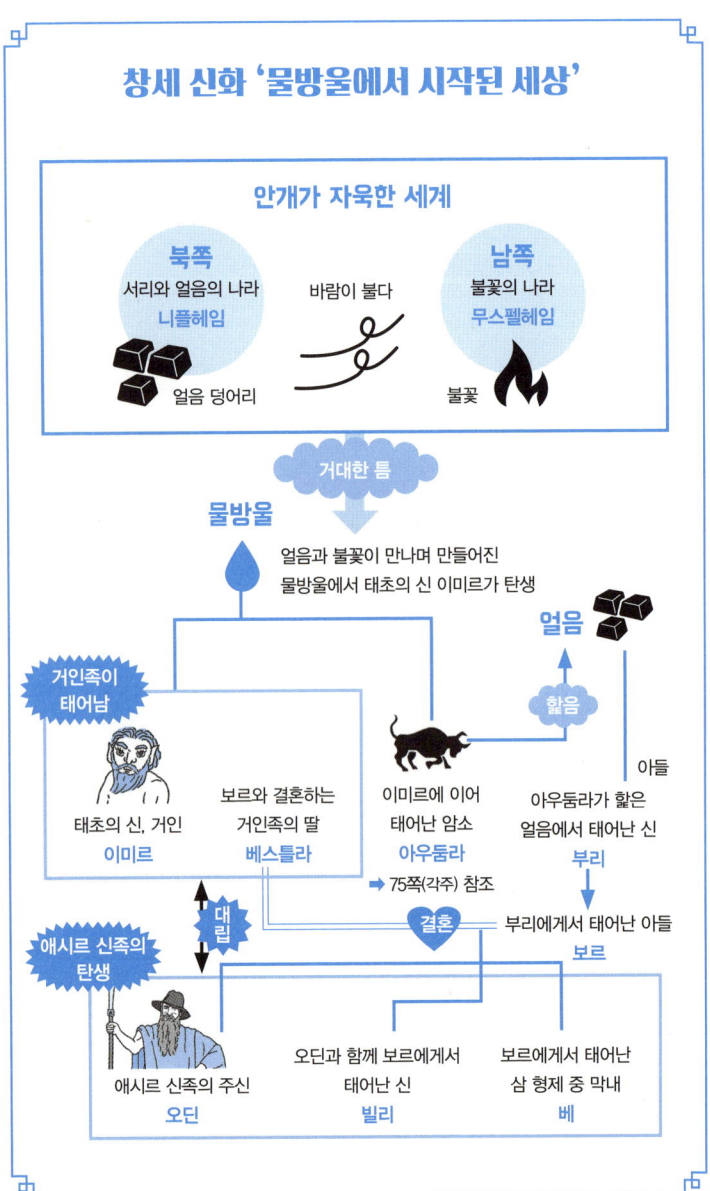

천지창조의 재료가 된 거인 이미르

혼자서 자손을 늘려나간 특이 체질의 난폭한 거인

천지창조의 재료가 된 거인 이미르는 과연 어떤 인물이었을까. 북유럽 신화는 거인 이미르의 탄생*과 함께 시작된다. 생명도 대지도 천체도 없었던 세계의 물방울에서 이미르가 태어났다. 강에 흐르는 독소가 응고되어 이미르를 탄생시켰다는 설도 있다.

거칠고 난폭한 이미르는 혼자서도 자손을 늘려나갈 수 있는 특이한 체질이었다. 왼쪽 겨드랑이에서 땀과 함께 거인 남녀를 낳았고, 다리를 꼬아서 머리가 6개 달린 거인을 낳아 서리 거인 일족을 꾸렸다.

- 암소 아우둠라가 핥은 얼음에서 부리가 태어났고 부리는 아들 보르를 낳았다. 오딘은 보르와 거인의 딸 베스틀라 사이에서 태어났기 때문에 엄밀히 따지면 이미르의 자손이다.

2장 | 종말을 향해 나아가는 북유럽 신화의 신들

그러나 이미르가 살해됐을 때 솟구쳐 나온 피로 서리 거인의 대부분은 익사하고 말았다. 그리고 오딘의 손에서 천지창조가 이루어졌다.

이처럼 엽기적이고 전투적인 분위기가 물씬 나는 이야기가 생긴 데에는 북유럽의 척박한 자연과 환경, 그리고 죽음과 함께 살아가야 하는 가혹한 시대적 배경이 영향을 미쳤다고 한다.

또 신이 만든 세계마저 종국에는 멸망한다는 결말도 북유럽 사람들의 종말 사상에서 영향을 받은 것으로 여겨진다.

거인의 시체로 만든 세계

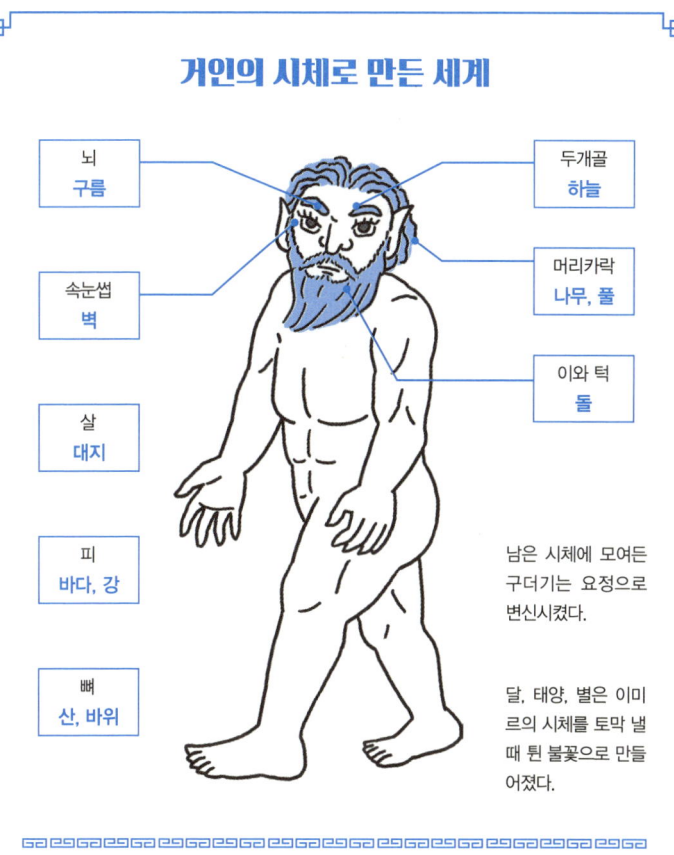

- 뇌 / 구름
- 속눈썹 / 벽
- 살 / 대지
- 피 / 바다, 강
- 뼈 / 산, 바위
- 두개골 / 하늘
- 머리카락 / 나무, 풀
- 이와 턱 / 돌

남은 시체에 모여든 구더기는 요정으로 변신시켰다.

달, 태양, 별은 이미르의 시체를 토막 낼 때 튄 불꽃으로 만들어졌다.

나무로 만들어진 인간

오딘과 그 형제들은 물푸레나무로 남자를, 느릅나무로 여자를 만들었다. 인간도 라그나로크 때 대부분 멸망했으나 숲속으로 도망가 살아남은 일부 남녀가 현 인류의 시조가 되었다. 탄생과 부활 모두 나무와 관계가 있었는데 이 또한 북유럽 신화 속에 내재된 자연과의 조화를 의미한다.

거인족이라고 해서 절대 악은 아니었다

세계의 신화는 대부분이 선과 악의 대립 구도로 이루어져 있으며 악은 멸망할 운명이다. 하지만 북유럽 신화 속 거인족은 절대적인 악의 존재가 아니라 얼음, 우박, 폭풍 등 자연의 맹위를 상징하는 존재로 여겨진다. 신들도 자연 앞에서는 굴복하는 수밖에 없었다.

2장 | 종말을 향해 나아가는 북유럽 신화의 신들

전쟁터를 누비는 여전사 발키리

승패를 좌우하는 운명의 여신으로 오딘에게 반격하기도 한 전사

격렬한 전장에는 아름다운 여신들의 집단 발키리도 존재했다. 발키리에는 애시르 신족뿐 아니라 거인족, 인간 왕의 딸도 포함되어 있었다. 이들은 오딘의 명령을 따른다. 전쟁이 터지면 발키리는 천마를 타고 전쟁터로 달려갔다.

그러나 발키리의 역할은 참전이 아니라 필사적으로 싸우는 남성들의 승패를 베틀*로 점치는 일이었다. 이들은 전사들의 얼굴을 보고 죽음이 다가왔는지를 살피며 승부를 정하는 중요한 임무를 맡고 있었다.

숨진 전사자의 영혼을 달래는 일도 발키리의 임무였다. 용감히

- 발키리는 직물을 짜는 베틀로 전쟁의 승패를 결정했다. 직물을 짜기 위한 실은 인간의 창자, 추는 인간의 머리통이었다.

싸운 전사의 영혼을 아스가르드에 세워진 전사자의 궁전 발할라로 안내했다.

발할라에 도착한 전사자의 영혼은 발키리가 내오는 최상급의 진수성찬을 먹으며 피로를 풀었다. 그리고 오딘에게 절대 복종하는 전사로 재탄생했다.

발키리가 오딘을 거역하는 일은 금지되어 있었으나 반격하는 일도 있었다. 발키리는 오딘을 배신하고 멋대로 전쟁의 승패를 정해버리거나 규율을 깨고 전사와 사랑에 빠지기도 했다. 오딘을 분노케 한 발키리에게 비참한 운명이 기다리고 있었음은 두말할 필요도 없다.

용맹한 여전사 발키리

투구와 갑옷을 갖춘 아름답고 씩씩한 여전사. 영웅의 수호자로 영웅들과 사랑에 빠지기도 했다.

백조로 변신할 수 있는 옷을 지녔다.

발키리는 영어식 발음이다. 독일식 발음으로는 발퀴레라고 부른다.

전사의 운명을 정하고 용감한 전사자의 영혼을 극진히 대접하는 역할을 맡았다. 하늘을 나는 말을 타고 씩씩하게 등장했다.

발키리의 연애와 질투

한 발키리는 영웅 시구르드(99쪽 참조)와 사랑에 빠져 결혼을 약속했으나 시구르드는 이 사실을 잊고 다른 여성과 결혼해 버렸다. 질투로 분노한 발키리는 시구르드 암살에 성공했으나 자신도 함께 화장해 달라며 스스로 가슴을 찔러 목숨을 끊었다.

발키리의 임무

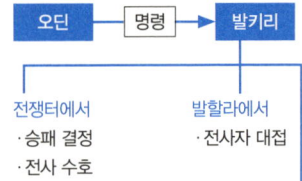

신들의 전령사 역할을 하기도 했다.

북유럽 신화

세상의 멸망을 향해가는 최후의 전쟁 라그나로크

신족, 거인, 인간, 괴물이 뒤얽힌 대규모 전쟁

세상을 지배하는 천하의 오딘도 최후의 전쟁 라그나로크로 인해 멸망할 것이라는 노른 세 자매*의 예언만큼은 두려워했다.

이 최악의 결말을 피하기 위해 물불 가리지 않고 극악한 수단까지 써서 스스로를 보호하고자 했던 오딘. 하지만 오딘의 아들이자 빛과 선의 신 발드르의 죽음을 계기로, 늑대가 태양과 달을 삼켜버렸고 별은 땅에 떨어졌으며 대지도 세차게 흔들리는 등 무시무시한 천재지변이 일어났다.

그때까지 오딘에 의해 속박당하던 거인족들의 사슬이 끊어졌고, 악신 로키와 늑대 펜리르도 풀려나며 세력이 커졌다. 이들은 대

---

* 우르드의 샘에 사는 세 여신. 라그나로크 때 오딘이 늑대 펜리르에게 잡아먹히고 신족, 거인, 인간 모두가 멸망한다고 예언했다.

규모의 군대를 이끌고 아스가르드를 침략했다.

오딘이 이끄는 애시르 신족은 세력을 보강하며 응전했다. 두 세력은 비그리드 평원에서 격돌했다. 신족, 거인, 인간, 괴물이 뒤얽혀 장렬한 전투를 펼쳤다.

양측 전사들이 차례로 쓰러져가는 가운데 오딘은 결국 늑대 펜리르에게 잡아먹히며 숨을 거두었다. 그 펜리르도 오딘의 아들 비다르의 손에 죽었다.

살아남은 애시르 신족과 거인족의 싸움은 무승부였으나 최종적으로는 거인 수르트가 뿜어낸 화염이 모든 것을 태워버리며 세상은 바다로 가라앉았고 라그나로크는 막을 내린다. 오딘이 두려워했던 예언이 정말로 이루어지고 만 것이다.

신들과 거인의 최후의 전쟁이 일어나기까지

황폐해진 아스가르드

신과 신의 전쟁

오딘은 이미르로 세계를 창조한 후 신들의 세계 아스가르드를 만들고 다스렸다. 밝고 화려한 삶을 보냈으나 한 여성에 의해 신들의 마음에 파문이 일기 시작했다.

이 세상에서 일어난 첫 번째 전쟁은 애시르 신족과 바니르 신족 간의 전쟁이다. 아스가르드를 멸망으로 이끈 한 여성은 바니르 신족이었다.

발드르의 죽음(96~98쪽 참조)
파멸의 예언

오딘은 세계가 파멸할 것이라는 예언을 듣는다. 이를 막기 위해 노력했으나 오딘의 아들 발드르의 죽음으로 인해 세상에는 살벌한 어둠이 찾아왔다.

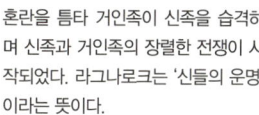

혼란을 틈타 거인족이 신족을 습격하며 신족과 거인족의 장렬한 전쟁이 시작되었다. 라그나로크는 '신들의 운명'이라는 뜻이다.

세계의 파멸이 핵심 주제

신들과 거인들이 죽고 세계는 화염에 휩싸이며 멸망한다. 신들은 세상의 종말을 예감하면서도 파멸이라는 운명을 향해 나아간다. 전체적인 이야기를 통해 비극적인 미래를 수용하는 삶의 방식을 느낄 수 있다는 것이 북유럽 신화의 특징이다.

또 하나의 신족인 바니르 신족

애시르 신족과는 별개 혈통의 신족이다. 애시르 신족과는 적대적인 관계였으나 화해한 이후로는 상부상조하는 관계가 되었다. 동맹을 맺고 거인족에 맞서 싸웠다.

신족과 거인족의 사투는 왜 일어났나?

증오와 적대심이 들끓는 종말 사상과 멸망의 미학

이그드라실이 지탱하던 세상은 왜 장렬한 사투 끝에 멸망한 것일까. 사실 오딘이 천지창조를 이룩해냈을 때부터 멸망은 서서히 시작되고 있었다.

거인 이미르를 죽이고 그의 시체로 세계를 만들었을 때부터 거인족의 원한을 사게 되면서 애시르 신족과 거인족 사이에 적대 관계가 형성된 것이다.

오딘은 라그나로크로 세계가 멸망할 것이라는 예언을 듣고 나서는 전사자를 소생시켜 전투력을 강화했고, 전사자 수를 늘리기 위해 일부러 전쟁을 일으키는 등 물불 가리지 않고 스스로를 지키고자 했다.

모든 것은 라그나로크로 인한 멸망에 대비하기 위함이었는데 이 때문에 신족, 거인, 인간들 사이에서 증오와 적대심이 커진 결과 대규모 전쟁이 벌어지고 만 것이다.

이와 같은 이야기에는 예로부터 북유럽 사람들이 지녔던 종말 사상, 비극마저 수용하고 살아가고자 하는 멸망의 미학이 반영된 것이라고 한다.

신화에 따르면 세상은 라그나로크로 멸망했으나 가까스로 살아남은 소수의 신에 의해 재건되었고 인간도 부활했다.

시들었다가도 다시 싹을 틔우며 성장하는 식물과 함께 살아가는 북유럽 사람들의 수목 숭배*도 이 신화에 반영되어 있다.

- 특정 수목을 신성시하거나 영혼이 깃들어 있다고 여겨 숭상하는 사상.

라그나로크부터 세계의 재생까지

라그나로크

천재지변이 발생
극심한 추위의 겨울이 세 번이나 이어졌고, 늑대가 달과 태양을 삼켜버렸다. 세상은 어둠으로 뒤덮였다.

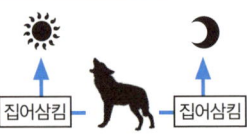
집어삼킴 ← → 집어삼킴

황폐해진 인간계
곳곳에서 분쟁이 일어나며 전쟁이 터졌다. 멸망으로 한발 더 나아가게 되었다.

신족과 거인족의 전쟁
최고신 오딘을 비롯한 주요 신들과 거인은 죽고 죽이며 멸망했다.

전쟁의 시작을 알리는 헤임달

온 세상이 화염에 휩싸임
불타는 검을 든 거인 수르트의 화염으로 온 세상이 불에 타며 바다로 가라앉았다.

종말을 맞이한 세상

세상의 부활

바다에서 떠오른 대지
세월이 흐른 뒤 해저에서 대지가 떠올랐다. 이 대지에는 울창한 숲이 가득했다.

울창한 푸른 숲
오딘의 아들 등 살아남은 몇 안 되는 신과 인간은 힘을 합쳐 새로운 세상을 만든다.

살아남은 신족

살아남은 인간

천둥의 신 토르는 북유럽의 농경신

망치로 거인을 쓰러뜨리는 상냥하면서도 난폭한 사나이

바이킹 시대에는 오딘이 최고신으로 추앙받았으나 농경이 발달하면서 사람들이 대지에 정착하게 되자 북유럽의 수호신은 천둥의 신 토르로 바뀌었다.

토르는 오딘과 대지의 화신 요르드 사이에서 태어난 아들이다. 농경의 신으로도 여겨졌다.

신화에서는 큰 몸집에 우락부락한 근육을 하고 금발에 붉은 수염을 한 외모로 나타난다. 손에는 쇠로 된 장갑을 끼고 마법의 망치 묠니르를 들고 있으며 더 큰 힘을 내게 해주는 벨트를 찬 용맹한 모습으로 묘사된다. 염소 2마리가 끄는 전차를 타고 종횡무진하며 세계를 누볐다.

북유럽에서는 천둥이 치면 토르가 전차로 하늘을 달리는 중이고, 번개가 치면 토르가 묠니르를 던진 것이라는 이야기가 전해져 내려왔다. 이것이 토르가 천둥의 신이라 불리는 이유다.

묠니르는 적에게 던지면 백발백중하는 무기로 쓰였다. 때로는 배가 고파진 토르가 전차를 끄는 염소를 먹어 치운 뒤 남은 뼈에 대고 묠니르를 휘둘렀다. 그러면 몇 번이고 염소가 되살아났다. 이 망치는 북유럽에서 부적으로 여겨지기도 한다.

최강의 전사로 거인족과의 전쟁에도 몰두했던 토르. 신족과 인간을 지키기 위해 열심히 싸운 상냥하고 따뜻한 마음을 지닌 신이기도 했다.

최후의 전쟁 라그나로크에서는 뱀 요르문간드•와 일대일로 싸우다 둘 다 목숨을 잃었다.

- 독을 지닌 뱀. 로키의 아들이다. 라그나로크 때 토르가 던진 망치에 쓰러졌으나 마지막 순간 독을 내뿜어서 토르도 목숨을 잃었다.

천둥을 거느리고 다니는 최강의 전사 토르

무기는 망치 묠니르. '박살 내는 것'이라는 뜻으로 한 번 휘두르기만 해도 그 대상을 때려 부술 수 있다. 자루를 쥐기 위해 쇠로 된 장갑을 끼고 있다.

옛날 사람들은 천둥이 치면 토르가 찾아왔다고 생각했다. 이 때문에 날씨를 다스리는 농경의 신으로도 받들어졌다.

붉은 수염을 기른 듬직한 대장부. 더 큰 힘을 낼 수 있게 해주는 벨트를 차고 있다. 목소리는 천둥처럼 컸고 눈은 번개처럼 빛나서 마주친 자들을 두려움에 떨게 했다.

정화와 부활의 상징인 묠니르

묠니르는 무기로만 사용되지 않았다. 결혼식 때는 신부를 정화하는 의식에 사용되기도 했다. 당시 사람들 사이에서도 실제로 이루어졌던 의식이었던 듯하다. 또 오딘의 아들 발드르가 죽어서 화장하기 위해 정화의 불을 피울 때도 묠니르를 사용했다.

천둥의 신이자 농경의 신

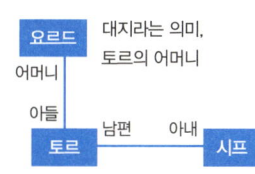

요르드 – 대지라는 의미. 토르의 어머니

천둥과 하늘을 지배하는 신이자 농경의 신이기도 했다.

토르의 아내. 풍성한 금발은 잘 익은 보리 이삭을 상징한다.

무지개다리의 파수꾼 헤임달

온 세상에 울려 퍼지는 뿔피리로 최후의 전쟁의 시작을 알리다

애시르 신족이 사는 아스가르드에는 다른 세계로 통하는 무지개다리 비프로스트°가 놓여 있다. 이 다리의 파수꾼 역할을 한 신이 헤임달이다.

헤임달은 비프로스트를 내다볼 수 있는 위치에 세워진 화려한 저택 히민뵤르그에 살았다. 이가 황금으로 된 헤임달은 애시르 신족에서 제일가는 미남이었다. 그래서 헤임달은 '하얀 애시르'라고 불리기도 했다.

어머니는 바다의 신 에기르의 딸인 아홉 자매로, 기묘한 출생이라 할 수 있다. 아홉 자매는 파도의 상징이기도 하다는 점에서 헤

- 신들이 지상과 아스가르드 사이에 설치한 무지개다리로 '흔들리는 길'이라는 뜻이다. 헤임달은 이 다리의 파수꾼이다.

임달은 파도에 비쳐 반사된 태양 빛을 캐릭터화한 것이라는 설이 유력하다. 이그드라실의 아홉 세계와 관련이 있다는 설도 있다.

세계 각지를 여행한 헤임달은 세 여성과의 사이에서 각기 자녀를 만들었다. 훗날 이 자녀들은 노예, 농민, 왕족으로 이루어진 계급 사회의 토대가 되었기에 헤임달은 인간 사회를 창조한 아버지라고도 일컬어졌다.

100마일 떨어진 곳까지 내다볼 수 있는 시력, 식물이나 동물의 털이 자라는 소리를 들을 수 있는 청력, 새보다도 짧은 수면 시간 등 다양한 특수 능력도 지니고 있었다.

최후의 전쟁 라그나로크 때는 뿔피리 걀라르호른을 불어서 온 세상에 전쟁의 시작을 알리고 전사들을 집결시켰다. 마지막에는 오랜 원수인 로키와 싸우다 둘 다 죽음을 맞이했다.

비상한 능력을 지닌 파수꾼 헤임달

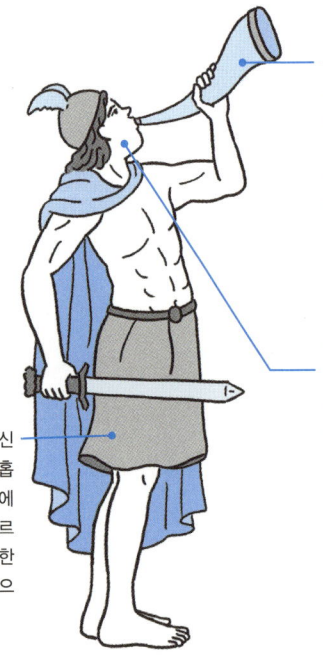

온 세상에 소리가 울려 퍼진다는 뿔피리 걀라르호른. 최후의 전쟁 라그나로크 때 신들을 집결시키려고 걀라르호른을 불었다.

'하얀 애시르'라고도 불린 아름다운 신. 이는 황금이었고 100마일 떨어진 곳까지 내다볼 수 있는 눈, 풀이나 양모가 자라는 소리까지 들을 수 있는 귀를 가졌다.

어머니는 바다의 신 에기르의 딸인 아홉 자매인데 이 때문에 바다 너머로 떠오르는 아침 해의 찬란한 빛을 의인화한 신으로 여겨진다.

인간 사회의 계급의 시초

헤임달은 리그라는 이름으로 세계 각지를 여행하며 여성 3명과의 사이에서 각기 자녀를 만들었다. 그 자손들은 훗날 계급 사회의 토대가 되었다고 한다. 실제로 8~11세기의 바이킹 사회의 계급과도 일치한다.

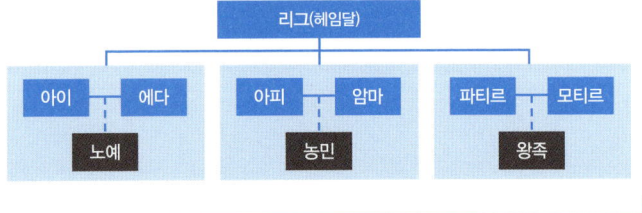

교활한 장난의 신
로키

소동 벌이기를 좋아해 라그나로크의 불씨를 제공하다

이미 여러 차례 이름이 등장했던 로키는 거인족 부모에게서 태어났으나 오딘과는 의형제기도 했다.

성격은 매우 교활했으며 거짓말이 특기였다. 언제나 모두를 속이고 다녔고, 애시르 신족과는 선과 악 양면에서 깊이 관여하고 있었다.

용모가 수려했던 남신 로키는 늑대 펜리르, 뱀 요르문간드, 명계의 여왕 헬 등 여러 거인족과 괴물의 아버지였다.

변신 능력이 출중했으며 양성구유기도 했다. 한번은 암말로 변신해 수말과 교미해서 다리가 8개 달린 말 슬레이프니르●를 낳기

- 로키가 암말로 변신해 낳은 다리가 8개 달린 말. 오딘의 말이 되어 세계를 누비며 최고신의 위엄을 유지하도록 거들었다.

도 했다.

로키는 여신 이둔을 꾀어내 그 틈을 타서 이둔이 지키는 사과를 독수리로 둔갑한 거인이 훔치도록 했다. 신족의 젊음을 상징하는 사과가 거인족 손에 넘어가자 격분한 오딘은 로키에게 사과를 되찾아오라고 명령했다. 로키는 매가 되어 요툰헤임에 침입해 사과를 되찾았으나 독수리 티아치에게 추격당하며 간신히 아스가르드로 도망쳐왔다. 신들은 서둘러 불을 피웠고 쫓아오던 독수리 티아치는 불에 타죽었다.

이처럼 온갖 소동을 꾸미며 민폐를 끼쳐댄 존재가 로키다. 최후의 전쟁 라그나로크도 로키의 악행을 계기로 시작되었다.

세상을 닫는 자 로키

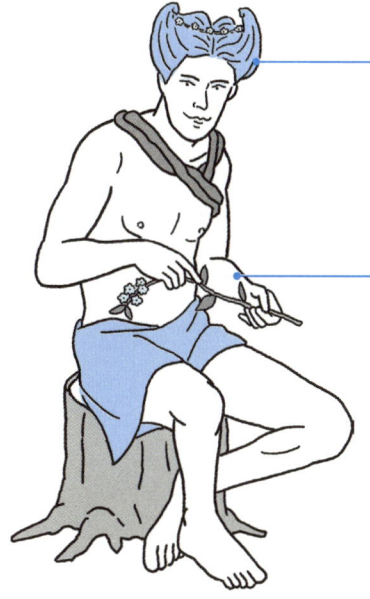

자유분방하고 교활하며 항상 주위를 조마조마하게 한 트릭스터.

로키는 오딘의 창 궁니르와 토르의 망치 묠니르를 만들게 해서 가져다주는 등 고마운 일을 하기도 했다.

양성구유의 존재로, 모습을 자유자재로 바꿀 수 있는 능력이 있었다. 여러 괴물을 자녀로 두었는데 오딘의 말도 로키에게서 태어났다.

로키가 저지른 악행

자기 보신을 위해	• 거인의 협박으로 이둔이 지키는 사과를 훔칠 수 있게 도움. • 거인에게 감금당해 토르를 유인해주겠다고 약속함. • 토르의 협박으로 시프의 머리카락을 대신할 물건을 찾으러 감.
호기심에서 비롯된 장난	• 시프의 머리카락을 밀어버림. • 수달의 모습을 한 인간족의 아이를 죽임. • 소인족과의 내기 때 부정 행위를 함.
순전한 악의	• 발드르를 살해함. • 발드르의 부활을 저지함. • 신들의 연회에서 시종을 살해하고 신들을 모욕함.

악신 로키가 질투한 빛과 선의 신 발드르

발드르를 죽이고 신족을 모욕한 일로 로키가 받게 된 고문

오딘과 그의 아내 프리그 사이에서 태어난 아들 발드르는 빛과 선의 신이라고 불리며 모두의 사랑을 받았다.

어느 날 발드르의 죽음에 관한 예언을 들은 프리그는 세상 만물로부터 발드르를 해치지 않겠다는 맹세를 받아냈다. 그렇게 해서 발드르는 불사신이 되었다.

이에 질투를 느낀 로키는 겨우살이만큼은 발드르를 해칠 수 있다는 사실을 알아냈다. 그리고 발드르의 동생인 장님 호드를 시켜서 발드르에게 겨우살이를 던지도록 했다. 호드가 던진 겨우살이는 발드르의 몸을 관통하며 그의 목숨을 앗아갔다.

- 로키에게 속아 형 발드르를 죽이고 말았는데 훗날 이복동생 발리에게 복수를 당했다. 라그나로크 이후에 발드르와 함께 부활한 뒤 화해했다.

프리그가 발드르를 되살리기 위해 명계의 여왕 헬과 담판을 지으러 가자, 헬은 세상 만물이 모두 눈물을 흘린다면 발드르를 부활시키겠노라고 약속했다.

그러나 모두가 눈물을 흘리는 가운데 거인족 여성 토크가 울기를 거부해서 발드르의 부활은 실패로 돌아갔다. 사실 토크의 정체는 둔갑한 로키였다.

로키는 초대받지도 않은 연회에서 신족을 모욕한 일로 오딘의 노여움을 사서 유폐당하기도 했다. 바위에 결박당한 채 머리 위로 독사의 독이 떨어지는 고문을 받았다.

로키의 아내 시간이 그릇으로 독을 받아냈으나 그릇에 가득 찬 독을 버리러 간 사이에는 독이 이마에 떨어질 수밖에 없었고, 로키는 고통을 이기지 못해 발버둥쳤다. 무려 대지를 뒤흔들 정도였다고 하는데 이 처참한 고문은 라그나로크가 시작될 때까지 계속되었다.

미남 신 발드르의 비극적인 운명

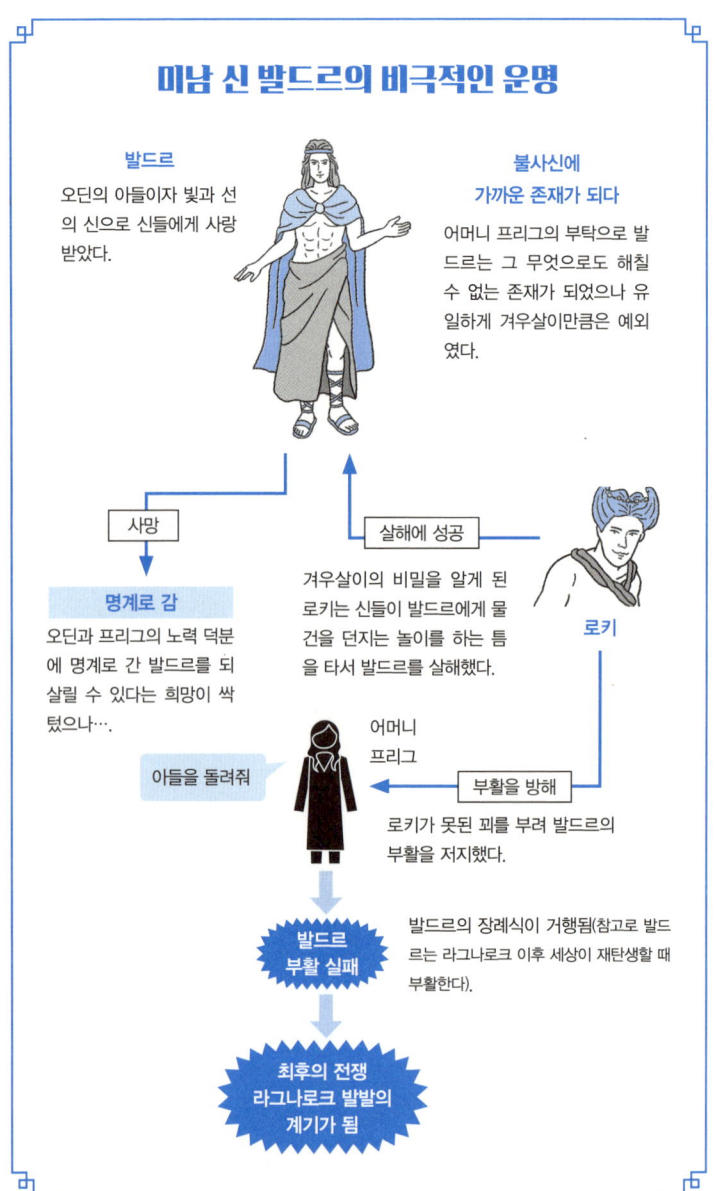

발드르
오딘의 아들이자 빛과 선의 신으로 신들에게 사랑받았다.

불사신에 가까운 존재가 되다
어머니 프리그의 부탁으로 발드르는 그 무엇으로도 해칠 수 없는 존재가 되었으나 유일하게 겨우살이만큼은 예외였다.

사망 → **명계로 감**
오딘과 프리그의 노력 덕분에 명계로 간 발드르를 되살릴 수 있다는 희망이 싹 텄으나….

살해에 성공
겨우살이의 비밀을 알게 된 로키는 신들이 발드르에게 물건을 던지는 놀이를 하는 틈을 타서 발드르를 살해했다.

로키

어머니 프리그

아들을 돌려줘

부활을 방해
로키가 못된 꾀를 부려 발드르의 부활을 저지했다.

발드르 부활 실패

발드르의 장례식이 거행됨(참고로 발드르는 라그나로크 이후 세상이 재탄생할 때 부활한다).

최후의 전쟁 라그나로크 발발의 계기가 됨

세계의 신들

신이 내린 성검의 주인 영웅 시구르드

오딘의 검으로 인해 멸망으로 향하는 인생

　북유럽 사람들 사이에 이야기로 전해져 내려오는 영웅이 있다. 독일어로는 지크프리트, 신화에서는 시구르드라고 불린다.

　시구르드와 최고신 오딘의 관계는 시구르드의 아버지 시그문드● 가 오딘으로부터 승리의 검을 받은 데에서부터 시작된다.

　시그문드는 이 검 때문에 불운한 일들에 휘말리게 되는데 아들인 시구르드도 검을 손에 넣고 나서 욕망과 증오에 사로잡히며 파멸로 향하게 된다.

　오딘의 후예 볼숭 가문에서 태어난 시구르드는 대장장이 레긴의 양자가 되었다. 레긴은 자신의 형 파프니르가 용으로 변신해 지

● 영웅 볼숭의 아들 10명 중 장남. 가장 잘생겼고 뛰어났다고 알려진 영웅이다. 독이 통하지 않을 정도로 몸이 튼튼했다.

키고 있는 황금 비보를 손에 넣기 위해 시구르드에게 용을 무찌르자고 제의한다.

시구르드는 아버지 시그문드에게서 물려받은 오딘의 검을 들고 용으로 둔갑한 파프니르를 단칼에 처단했다. 또 시구르드를 속이고 비보를 뺏으려 한 레긴도 살해했다.

이렇게 해서 시구르드는 비보를 손에 넣었으나 여기서부터 비극이 시작된다. 사실 이 황금 비보에는 저주가 걸려 있었기 때문이다. 발키리와 사랑에 빠진 시구르드는 저주로 인해 발키리에 대한 기억을 잊게 되어 연인을 배신하고 말았다. 그리고 파멸의 길로 한 걸음씩 나아가게 된다.

오딘의 후예 영웅 시구르드

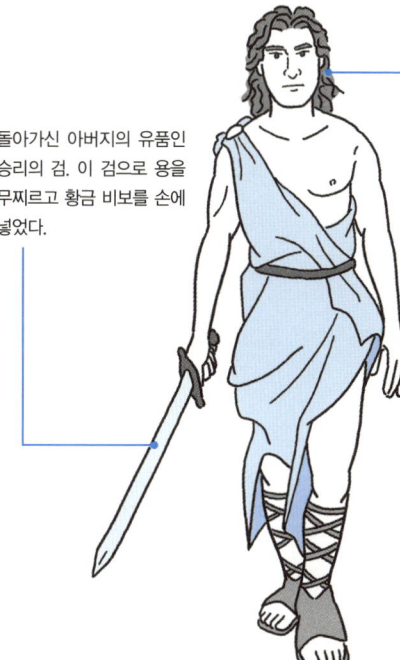

두려움을 모르는 용사. 동물의 말을 이해할 수 있고 룬 문자를 알았으며 의술에 관한 소양도 갖춘 문무를 겸비한 청년이었다.

돌아가신 아버지의 유품인 승리의 검. 이 검으로 용을 무찌르고 황금 비보를 손에 넣었다.

용의 피를 뒤집어쓰고 불사신이 되었으나 나뭇잎이 붙어 있어 피가 묻지 못했던 등이 약점이었고 이것이 죽음의 원인이 되었다. 북유럽 신화에서는 영웅조차 완벽한 불사신일 수 없었다.

유명 오페라가 되기도

시구르드가 용을 무찌른 이야기는 여러 예술 작품으로 재탄생했다. 바로 영웅 서사시 『니벨룽의 노래』와 바그너가 작곡한 오페라 『니벨룽의 반지』다. 『니벨룽의 반지』는 1874년 독일에서 초연되었고 지금도 상연되는 인기작이다.

아버지 또한 영웅이었다

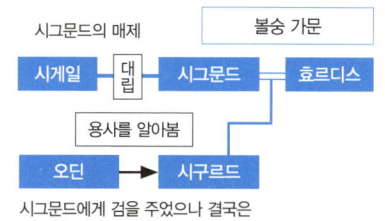

시그문드에게 검을 주었으나 결국은 그 검을 파괴해 시그문드를 죽게 했다.

신과 영웅이 사랑한 강력한 무기
북유럽 신화

다양한 무훈을 세운 북유럽 신화의 신과 영웅에게도 물론 그들을 상징하는 무기가 존재한다. 그중 일부를 소개하겠다.

1. 최고신 오딘

오딘이 애용한 무기는 궁니르라는 창이다. 표적을 놓치지 않았고 상대를 관통한 후에는 저절로 되돌아왔다고 한다. 자루는 신성한 나무인 물푸레나무로 만들어졌고, 창날에는 파괴력을 증강하는 룬 문자가 새겨져 있다.

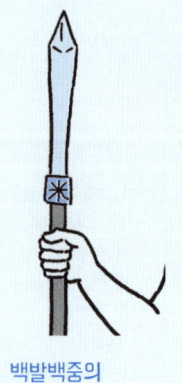

백발백중의
명중률을 자랑하는
궁니르

세계의 신들

Ⅱ. 천둥의 신 토르

북유럽 신화 중에서도 최고라 할 수 있는 최강의 무기인 망치 묠니르. 휘두르면 적을 쓰러뜨릴 뿐 아니라 정화와 부활의 힘을 발휘하는 신비한 망치다. 쇠로 된 장갑을 끼고 사용한다.

죽음과 재생을 관장하는
묠니르

Ⅲ. 영웅 시구르드

오딘이 자신의 후계자를 찾기 위해 벌인 힘겨루기에서 오딘의 검을 손에 넣은 이가 시구르드의 아버지였다. 시구르드는 아버지의 검을 물려받았다. 돌이나 쇠도 쉽게 자를 수 있었다고 한다.

분노라는 이름의 검
오딘의 검
그람

3장

환상 속의 요정이 된 켈트 신화의 신들

•

고대 유럽에서 활약한 켈트인(인도유럽어족의 한 분파)이 전승해 온 켈트 신화의 신들과 영웅들을 소개한다. 자연 숭배를 기반으로 한 다신교적 세계관이 특징으로, 장난꾸러기 요정도 여럿 등장한다.

켈트 신화 신들의 계보

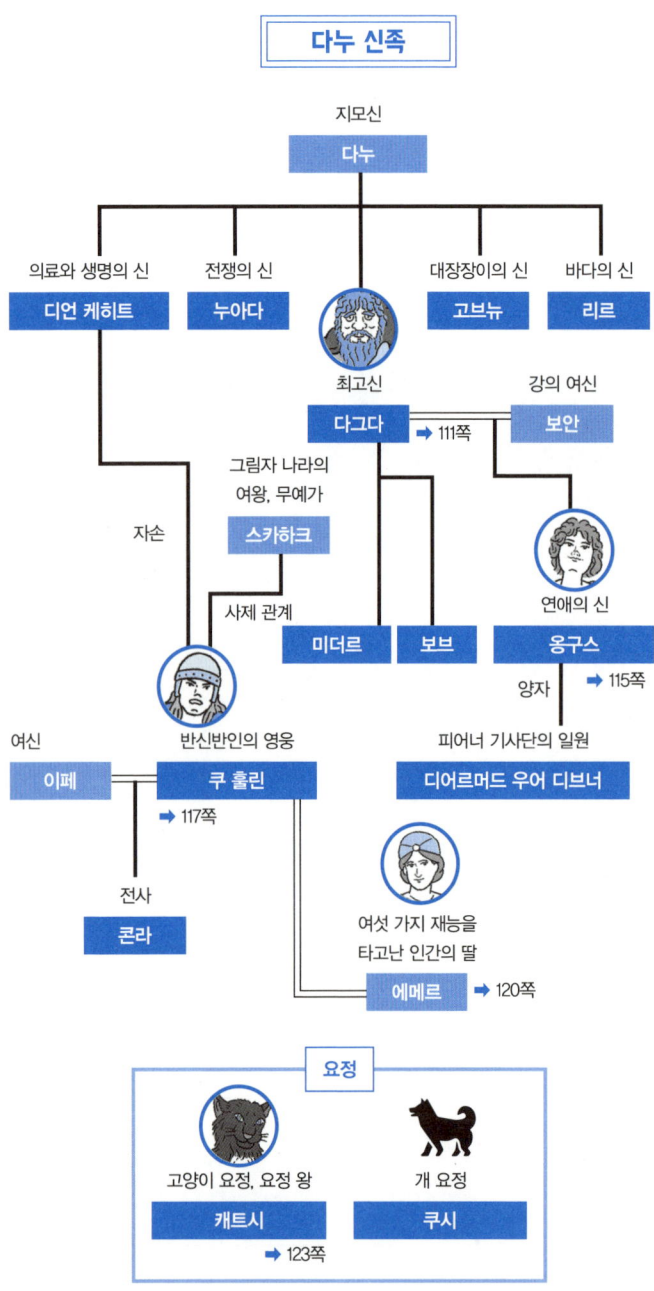

아서왕 전설
남성
여성
연애 관계, 부부 관계
부모 자식 관계
로마 황제
콘스탄티누스 2세
콘월 공작
이그레인
우서왕
엑터 경
양자
모르고즈
원탁의 기사 중 한 사람
안젤리카
아서왕
기네비어
랜슬롯
➡ 126쪽
부하
아서왕의 아내와 내통하면서 원탁의 기사가 분열되는 원인을 제공했다.
모드레드
엄지손가락 톰
암하르

아서왕 전설 〈원탁의 기사〉
퍼시벌
베이린
갤러해드
아들
부모
랜슬롯
성배를 찾기 위한 모험을 떠남
고참 기사
보어스
대립
대립
아서왕
의붓형제
숙부
조카
가웨인
조카
케이
모드레드
아침부터 정오까지는 힘이 3배로 강해지는 특징을 지닌 용사.
형제
아서왕과 랜슬롯이 유럽에서 싸우는 동안 브리튼에서 반란을 일으켰다.
아그라베인
가레스
형제

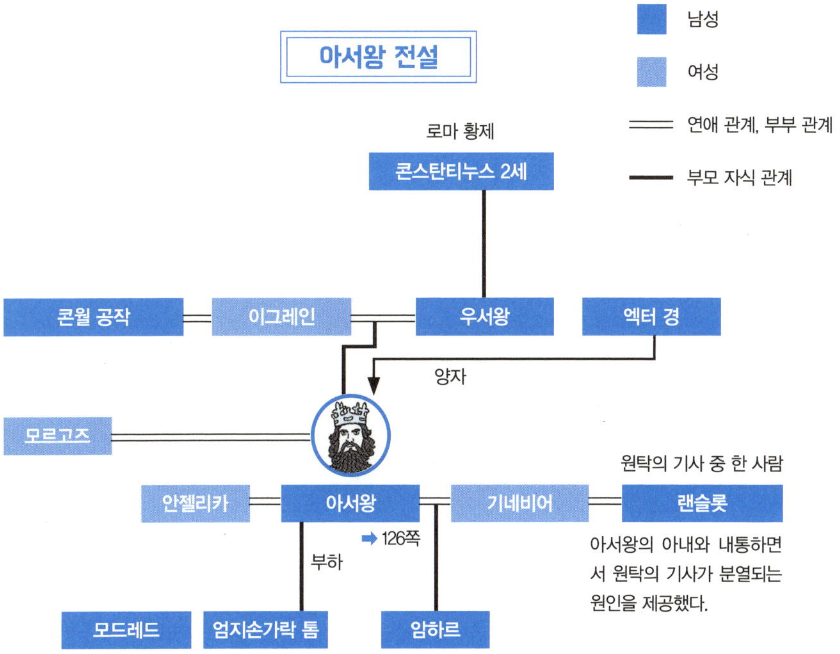

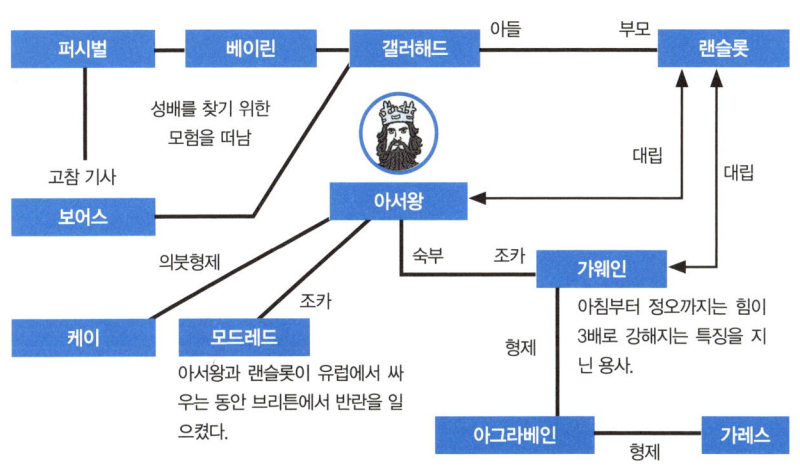

자연에 대한
경외심을 담은 신들

아일랜드를 중심으로 전해지는 신과 인간의 공방

켈트인*은 기원전 3세기경 지금의 영국에서부터 루마니아에 걸친 지역에 살던 민족이다. 켈트 신화는 이 지역 중에서도 아일랜드를 중심으로 전해지는 신화를 말한다.

구전으로 전승되다가 10세기 이후에는 기독교의 수도사에 의해 기록되었다. 신화 대계cycle, 얼스터 대계, 피어너 대계, 역사 대계 크게 네 가지로 구분된다.

중심이 되는 존재는 다누 신족이라고 불리는 신들이다. 이들은 검은 구름과 함께 아일랜드 북서부에 상륙해 마력과 지력, 기술력으로 이 지역을 지배했다.

- 옛 로마인은 켈트인이 사는 지역을 '갈리아'라고 불렀다. 로마의 시인 루카누스의 『파르살리아』에는 갈리아의 신에 의한 처참한 이야기가 남아 있다.

다누 신족은 이 땅에 오기 전 4대 보물(리어 팔, 브류나크, 클리우 솔러시, 다그다의 가마솥)을 손에 넣었다.

이 무렵 아일랜드는 피르 볼그족이 지배하고 있었는데 다누 신족은 피르 볼그족에게 박해받던 포모르족과 힘을 합쳐 피르 볼그족을 무찔렀다.

아일랜드를 지배한 다누 신족은 뒤이어 도착한 인간 밀레족(켈트인의 조상)에게 패배해 변두리로 쫓겨났다. 그러고 나서는 요정이 되어 때때로 지상에 나타나 기괴한 에피소드를 선보였다.

다누 신족은 실재했다고도 하며, 아일랜드의 거석 유적은 다누 신족이 만든 것이 많다고도 여겨진다.

4대 대계로 구성된 켈트 신화

① 신화 대계
북방에서 침략해 온 다누 신족의 이야기. 마법의 힘과 풍부한 지식, 선진 기술을 지녔으나 밀레족에게 패하고 이세계로 향한다. 요정이 되어 때때로 지상에 내려왔다.

② 얼스터 대계
기원 1세기 전후 아일랜드 북부의 얼스터라는 나라('울라'라고도 부름)를 무대로 한 이야기. 붉은 가지 기사단, 영웅 쿠 훌린(117쪽 참조) 등이 등장한다.

③ 피어너 대계
아일랜드를 수호하는 전사 집단 피어너 기사단이 활약하는 이야기. 그중에서도 기사단 단장의 피를 이어받은 핀은 민중에게 오랫동안 사랑받아 온 영웅이다.

④ 역사 대계
역사상의 인물을 중심으로 한 70편 정도의 이야기. 원탁의 기사로 유명한 아서왕 전설 등이 포함된다. 환상적인 이야기에는 당시의 사회 및 정치 정세가 반영되어 있다.

신들과 인간의 전쟁 '신화 대계'

- 노아의 자손들이 아일랜드에 상륙
- 여러 종족이 상륙하고 싸우기를 반복
- 다누 신족(투어허 데 다넌)이 상륙
- 밀레족(밀레시안)이 상륙하며 전쟁이 터짐
- 밀레족이 승리하며 다누 신족은 이세계로 이동
- 신들의 피를 이어받은 영웅들의 이야기가 탄생

(다섯 번째 상륙자 / 켈트계 민족으로 여겨짐)

다누 신족의 중심적인 존재 다그다

마법 아이템을 자유자재로 구사하는 사랑스러운 캐릭터

다누 신족은 다그다가 이끌었다. 거구의 대식가, 똑똑하고 성격이 좋은데다 힘이 세면서도 유머러스하고 사랑스러운 신이다.

긴 수염에 짐승 가죽을 두르고 있어서, 다누 신족을 수호하는 듬직한 신으로서의 풍모를 자랑했으며 켈트인에게는 대지와 농경의 신으로 친숙한 존재였다.

다그다는 다양한 마법 아이템을 사용했는데 그중 하나가 곤봉이다. 수레로 날라야 할 정도로 거대한 곤봉은 한 번 휘두르기만 해도 여러 사람을 뼈도 못 추리게 했고, 반대 방향으로 휘두르면 죽은 사람을 살려낼 수 있었다.

- 밀레족에게 패배한 다누 신족은 명계로 갔고 다그다는 이곳을 지배했다. 현존하는 아일랜드 북동부의 뉴그레인지 유적은 다누 신족이 살았던 유적 터로 여겨진다.

마음을 움직이는 거대한 하프도 다그다의 무기다. 포모르족에게 빼앗기기도 했으나 적이 술을 마시는 틈을 타서 되찾았다. 다그다가 슬픔의 현, 기쁨의 현, 졸음의 현을 퉁기면 적은 울고 웃다가 결국에는 곯아떨어졌다. 다그다는 하프과 함께 유유히 귀환했다.
　　또 다그다의 가마솥에서는 먹을 것이 무한정 솟아났다. 이 가마솥은 다그다가 지배하는 지하 세계와 이어져 있어서 상대에게 딱 맞는 음식을 끊임없이 대령했다.
　　다그다는 죽을 좋아했다. 이 사실을 알게 된 적은 다그다를 저지하기 위해 엄청난 양의 죽을 만들어서 땅에 파둔 구멍에 죽을 부어두었다. 다그다는 자신의 임무를 새까맣게 잊을 정도로 푹 빠져서 죽을 먹어 치웠다는 에피소드도 있다.

유머러스하며 꾸밈 없고 용감한 다그다

거대한 곤봉은 참나무로 만들어졌다. 한쪽으로 휘두르면 목숨을 앗아가고 반대 방향으로 휘두르면 죽은 이를 되살릴 수 있는 신비한 무기다.

감정을 조종하는 하프 다우르 다 발라오. 세 줄의 현을 퉁겨서 슬픔, 기쁨, 졸음을 유발했다.

대식가로 알려진 다그다는 음식이 계속 쏟아져 나오는 가마솥을 들고 다니기도 했다.

고도의 천문 지식을 보유했던 다누 신족

다누 신족은 뛰어난 지식을 지니고 있었다. 실제로 아일랜드에는 많은 거석 유적이 남아 있다. 그중 하나가 뉴그레인지다. 뉴그레인지는 1년 중 제일 해가 짧은 동짓날 동틀 녘에만 태양 빛이 긴 통로를 똑바로 지나가며 석실 내부를 짧게 비추도록 건설되었다. 이를 통해, 고대 아일랜드인들이 달력을 만들어 사용했었다는 사실을 알 수 있다.

'태양의 집'을 의미하는 뉴그레인지. 5천 년 전 만들어진 거대 고분이다.

타라 언덕에 세워진 리어 팔. 왕위 계승이 이곳에서 이루어졌다고 추정한다.

불륜 끝에 태양마저
멈추게 한 다그다

백조가 되어 사랑을 이룬 다그다의 아들 옹구스

믿음직하고 유머러스한 다그다에게는 <u>여러 연인이 있었으며 그들과의 사이에서 자녀를 여럿 두었다.</u>

어머니면서 연인이기도 했던 강의 여신 보안•에게는 남편이 있었지만 다그다의 아들 옹구스를 임신하고 출산했다. 보안의 남편에게 임신 사실을 숨기기 위해 다그다는 태양을 멈췄다. 그리고 무려 9개월 동안이나 시간이 흐르지 못하게 했다.

<u>이렇게 해서 탄생한 아들 옹구스는 연애의 신으로 성장한다.</u> 용모가 수려한 옹구스는 빛을 뿜어내는 작은 새 4마리를 거느리고 다녔다. 이 새들은 사람의 가슴팍에 뛰어들어서 사랑의 불씨를 피

• 아일랜드의 렌스터에 흐르는 보인강의 여신이다. 강 이름인 보인은 여신 보안에서 유래했다. 은혜와 비옥함의 상징이기도 하다.

워냈다.

옹구스 자신도 사랑의 도피를 하는 남녀를 돕거나 이복형제인 미더르의 연애를 성사시키는 데 한몫하는 등 다양한 활약을 했다. 하지만 옹구스는 정작 본인의 연정은 제어하지 못했다. 꿈속에 나타난 여성 카르 이보르메흐에게 마음을 빼앗겼으나 꿈속에서 만난 상대인지라 어찌할 도리가 없었다. 상사병에 빠진 옹구스는 다그다와 신들의 도움으로 카르를 찾아냈다.

카르는 백조로 변신하기도 했는데 옹구스는 카르를 사랑한 나머지 자신도 백조가 되어 함께 살아가기로 했다.

여자를 좋아했고 아이도 여럿 만든 다그다

다그다 —— 불륜 —— 보안

다그다의 아들① 옹구스
연인의 수호자, 연애의 신

다그다와 보인강의 여신 보안의 불륜으로 태어났다. 용모가 수려한 청년으로 빛을 내뿜는 작은 새 4마리와 함께 다닌다.

다그다의 아들② 미더르
지하의 신

옹구스의 이복동생. 먹을 것이 무한정 솟아나는 가마솥과 마법의 소 3마리를 소유했다.

협력 ↓ ↑ 양부모
미더르

옹구스는…
이복형제와 양아들의 연애를 도왔다. 새 4마리는 사람의 가슴팍에 뛰어듦으로써 연정이 불타오르게 했다고 한다.

다그다의 아들③ 보브
전쟁의 신

'붉은 머리 보브'라고 불리는 신들의 왕. 옹구스와 핀 등 신들과 영웅들을 도왔다.

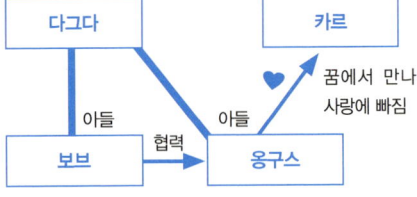

꿈에서 만나 사랑에 빠짐

옹구스는…
옹구스는 연인들의 수호자였으나 정작 본인의 연애는 어찌하지 못했다. 결국 보브를 비롯해 다그다 등 여러 신의 도움을 받아 마음에 둔 여성을 찾아냈다.

켈트
신화

신화 최강의 영웅 쿠 훌린

수려한 용모지만 전투가 시작되면 괴물로 변신하는 전사

쿠 훌린은 얼스터 대계에 등장하는 최강의 영웅이다. 아버지는 빛의 신 루, 어머니는 얼스터 왕의 여동생 데히티러로 어릴 때부터 경이로운 전투 능력을 지니고 있었다.

어느 날 쿠 훌린은 대장장이 쿨란의 집을 찾았다. 잔치가 벌어진 가운데 쿨란이 풀어놓은 사나운 경비견이 쿠 훌린에게 달려들었는데 쿠 훌린은 가볍게 개를 쓰러뜨렸다.

경비견의 죽음을 한탄하는 쿨란을 생각해 쿠 훌린은 자신이 경비견을 대신하겠다고 했다. 이때부터 '쿨란의 맹견'이라는 뜻의 쿠 훌린이라 불리게 되었다.

쿠 훌린은 수려한 용모를 자랑했으나 전투가 시작되면 머리카락이 거꾸로 서고 입은 찢어지고 머리에서 피를 뿜어내는 무시무시한 괴물의 모습으로 변했다.

가장 큰 활약은 적국 여왕 메이브와의 전쟁 때 보여주었다. 커다란 소를 둘러싸고 벌어진 전쟁에서 쿠 훌란은 메이브와 일대일로 싸우게 되었는데 이때 스카하크•로부터 받은 창인 게 볼그가 큰 도움이 되었다. 게 볼그는 반드시 명중하는 창으로, 창날이 갈라지며 독을 전신에 퍼트리는 강력한 무기였다.

승리는 쿠 훌린에게 돌아갔고 메이브는 원한을 품었다. 메이브는 쿠 훌린을 함정에 빠뜨려 신과의 협약을 깨게 함으로써 전투력을 앗아갔다. 빈사 상태의 쿠 훌린은 스스로를 돌기둥에 묶고 선 자세로 위엄을 지킨 채 세상을 떠나기로 결정하고 숨을 거두었다.

- 쿠 훌린이 수련을 쌓은 그림자 나라의 여왕. 쿠 훌린을 최고의 전사로 키워내고 게 볼그를 주었다고 한다. 훗날 쿠 훌린의 연인이 되는 이페의 라이벌이다.

신의 피를 이어받은 젊은 영웅 쿠 훌린

게 볼그라는 이름의 마법의 창을 무기로 다루었다. 던지면 30개의 화살촉이 되어 쏟아져 내렸으며, 찌르면 30개의 가시가 작렬했다. 그 밖에도 검, 방패 등 다양한 무기를 지녔다.

평소에는 잘생겼으나 전투가 시작되면 머리카락이 거꾸로 서고 눈은 뇌에 박히는 등 괴물 같은 모습으로 변했다.

무시무시한 소리를 내는 투구, 모습을 감출 수 있는 망토 등을 지녔다.

영웅이 잔뜩 등장하는 켈트 신화

켈트 신화에는 쿠 훌린 외에도 용맹한 영웅이 다수 등장한다. 그중에서도 켈트 신화의 네 가지 대계 중 피어너 대계의 중심 인물인 피어너 기사단의 단장 핀 막 쿨이 인기다. 피어너 기사단은 아일랜드를 수호하는 전사 집단으로, 핀 막 쿨은 20년째 골치를 썩였던 괴물을 쓰러뜨리고 단장이 되었다.

▶ 금발에 흰 피부, 아름다운 얼굴을 하고 있어 핀(금발)이라고 불렸다. 고결하여 많은 이들의 사랑을 받았으나 질투심 때문에 연적의 살해를 계획한 일로 인망을 잃게 되었다.

핀 막 쿨

쿠 훌린의 연애와 우정

벗어날 수 없는 운명에 놀아난 비극의 영웅

무력만큼이나 용모 또한 수려했던 쿠 훌린은 많은 여성의 마음을 사로잡았다.

아내는 지혜롭고 정숙하면서도 아름다운 에메르였다. 젊었을 적 쿠 훌린은 그녀에게 구혼했지만 명성도 실력도 없던 탓에 거절당했다. 이를 계기로 쿠 훌린은 그림자 나라에서 수련을 하며 무력을 손에 넣은 끝에 에메르와 결혼할 수 있었다.

그림자 나라에서 수련할 때도 쿠 훌린은 연애에 열중했다.● 여왕 스카하크의 라이벌 이페와는 싸움 끝에 사랑에 빠져 아들 콘라를

- 그림자 나라에서 맺어진 사랑 이야기는 다음과 같다. 쿠 훌린은 그림자 나라에서 여왕 스카하크의 딸 우아사하와 맺어졌다. 하루는 쿠 훌린 때문에 우아사하의 손가락이 부러지고 말았다. 격분한 우아사하의 약혼자가 쿠 훌린에게 싸움을 걸었다가 숨졌고 우아사하와 쿠 훌린은 사랑에 빠졌다.

낳았다.

장성한 콘라는 쿠 훌린에게 맞서 싸우게 되었고 콘라는 쿠 훌린의 손에 목숨을 잃었다. 콘라의 손가락에는 탄생했을 때 아버지가 준 반지가 끼워져 있었다. 반지를 보고서야 쿠 훌린은 자신이 아들을 죽인 사실을 깨닫고 크게 한탄했다.

쿠 훌린은 우정도 중시했다. 수련을 함께 한 친구 페르디아와는 서로 다른 편에 서서 전쟁을 치르게 되었고, 의도치 않게 일대일로 승부를 겨루게 되었다. 격렬한 공방전이 며칠이나 계속되며 판정이 나지 않는 가운데 낮에는 싸우고 밤에는 서로를 격려하며 함께 잠들었다.

대전 마지막 날, 쿠 훌린의 무기 게 볼그가 페르디아의 몸을 관통했고 페르디아는 쿠 훌린의 품 안에서 숨을 거두었다. 쿠 훌린은 다친 몸으로 페르디아의 시신을 가지고 돌아와 성대히 장례를 치러주었다.

쿠 훌린의 가족과 연인 관계

얼스터로 귀환한 데히티러와 결혼. 양자인 쿠 훌린을 돕는다.

양아버지: 수얼탐 막 로흐

어머니: 데히티러 — 행방불명된 빛의 신 루의 아들을 임신한다. 훗날의 쿠 훌린이다.

아들: 쿠 훌린

아내: 에메르 — 금발의 뛰어난 미모, 아름다운 목소리, 유창한 언변, 뛰어난 바느질 솜씨, 총명함, 정숙함 등 여섯 가지 미덕을 겸비한 여성.

가족들을 두고도 여러 여성과 어울렸다!

연인①: 여왕의 딸 우아사하
- 실수로 우아사하의 손가락을 부러뜨림
- 화가 난 우아사하의 애인을 쿠 훌린이 살해함
- 우아사하와 사랑하는 사이가 됨

연인②: 여왕 블라흐나트
- 다른 이와 결혼함
- 쿠 훌린이 여왕의 남편을 살해함
- 남편의 시인이 복수를 위해 블라흐나트와 함께 투신함

연인③: 여왕 판
- 격렬히 사랑함
- 아내 에메르가 격분함
- 판은 모습을 감추었고 쿠 훌린은 판을 잊기 위해 약을 복용함

고양이 요정의 왕 캐트시

인간의 말을 하며 인간계를 관찰하는 신비한 요정

켈트 신화를 비롯한 아일랜드의 전설에는 많은 요정*이 등장한다. 그중에서도 흥미로운 존재가 고양이 요정 캐트시다.

겉보기에는 평범한 고양이와 별반 다르지 않으나 머리가 비상해 인간의 언어를 구사했으며 그러한 사실을 숨긴 채 사람들 사이에 섞여 살았다.

온몸은 검은 털로 덮여 있었는데 뒷다리로 서면 가슴팍에 위치한 하얀 반점을 확인할 수 있었다. 이 하얀 반점이 요정의 증표였다고 한다.

캐트시와 관련해서는 이러한 일화가 있다. 어느 날 밤 사원에서

---

* 쿠시라는 개 요정도 등장한다. 크기는 소만 하며 사람에게 달려들기도 했다. 캐트시처럼 인간의 언어를 말하지는 못했지만 사람의 얼굴을 하고 있다고도 전해진다.

일하는 남자가 묘지를 파다가 검은 고양이 9마리가 관을 이고 장례를 치르는 모습을 보았다. 남자가 쳐다보자 그중 하나가 팀 톨드럼이 죽었다는 말을 톰 틸드럼에게 전해 달라고 했다.

깜짝 놀란 남자가 집으로 돌아가 자신이 본 상황을 아내에게 이야기했다. 그러자 난로 옆에서 졸고 있던 집고양이가 눈을 뜨더니 "고양이의 왕이 죽었다고? 그러면 내가 왕이 되야겠다."라며 인간의 언어로 외친 다음 굴뚝을 타고 밖으로 나가버렸다.

고양이는 두 번 다시 집으로 돌아오지 않았다. 이 검은 고양이가 바로 고양이 세계의 왕 캐트시다.

지금도 아일랜드에는 거리에 고양이들이 모여 있는 것은 인간계의 정보를 교환하기 위함이라는 말이 있다.

고양이 요정의 왕 캐트시

녹색 눈동자에 가슴에는 흰 반점이 있는 검은 고양이. 가슴의 흰 반점이 요정의 증표다.

평범한 고양이인 척하고 인간들 사이에 섞여 살고 있으나 사람의 언어로 말을 하며 두 다리로 걸었다.

지능이 높고 낙관적이며 쾌락주의자다.

켈트 신화 속 신비한 동물들

켈트 신화에는 고양이 요정의 왕 캐트시 외에도 동물 모습을 한 여러 신비한 요정이 등장한다. 대표적인 요정이 개 요정 쿠시다. 요정들을 지키는 개로, 때로는 사람을 습격하기도 했다. 개는 켈트 신화에서 중요한 위치를 차지했다.

쿠시(개 요정)
전신이 짙은 녹색 털로 덮여 있고 긴 꼬리가 말려 있다. 몸집은 소만 했다.

영웅을 도운 명마
영웅 쿠 훌린의 애마로 특별한 전차를 끌었던 군마 마하. 말 중의 왕이라고 불렸다.

2마리의 마법 황소
원래 요정왕의 돼지치기였는데 온갖 모습으로 변신하며 싸운 결과 황소가 되었다.

야생의 상징인 멧돼지
켈트인에게 중요한 먹거리인 동시에 난폭한 동물로도 여겨졌다.

켈트
신화

영국을 통치한 아서왕

켈트 신화와 기사 이야기에서 탄생한 영웅

　켈트 신화에 중세의 기사 이야기가 더해지며 만들어졌다는 아서왕 전설. 이 이야기의 무대는 5세기 후반 영국이다. 콘월 공작의 아내 이그레인은 남편이 사망한 후에 남편으로 변신한 우서왕과의 사이에서 남자아이를 낳는다.

　이는 마법사 멀린*이 꾸민 일이다. 멀린은 브리튼을 통치하는 우서왕의 아들이 태어난다면 켈트인과 적대 관계에 있는 색슨인을 제압하는 영웅이 될 것이라는 예언을 하면서 우서왕과 이그레인을 이어준 것이었다.

- 마법사. 아서가 탄생할 수 있게 돕고 위기에 처하자 목숨을 구해주었으며 무력의 상징인 성검 엑스칼리버를 손에 넣을 수 있게 해주는 등 아서왕 전설에서 빠져서는 안 될 중요 인물이다.

아이에게는 아서라는 이름이 주어졌고 멀린은 아서를 데려갔다. 아서는 자신의 출신에 대해서는 전혀 알지 못한 채 엑터 경의 양자로 자랐다. 15살이 되자 아서에게 왕이 될 운명이 찾아왔다.

하루는 의붓형 케이가 시합에 검을 깜빡했다. 아서는 교회 뒤뜰의 대리석에 꽂혀 있는 검을 대신 가져가야겠다고 생각했다. 대리석에는 '이 검을 뽑는 자가 왕이 된다'라고 쓰여 있었다.

아서는 누구도 뽑지 못했던 검을 쉽게 뽑았다. 이를 본 엑터 경은 아서가 우서왕의 아들이자 왕이 될 용사임을 공표했다.

이후 아서는 왕이 되어 영국, 아일랜드, 노르웨이, 덴마크, 갈리아를 지배했고 로마 제국까지 정복하기 위한 대활극을 벌였다.

기사도 이야기의 원형인 아서왕 이야기

호기심이 왕성하고 모험을 좋아한 전사로, 전사들을 돕는 후원자기도 했다. 이상적인 군주상으로 묘사된다.

유명한 마법 검 엑스칼리버 외에 창, 방패, 단검, 망토 등을 지녔다.

이름의 유래는 '곰 같은 사람'. 날 때부터 영적인 힘을 지니고 있었다.

마법사 멀린의 정체

아서왕의 탄생에 관여했으며 아기 아서를 자신이 맡겠다고 했다. 이후에도 조언을 해주는 등 아서를 영웅이 되게끔 인도한 인물이다. 켈트인의 신앙 중심에 있던 사제들은 드루이드라고 불렸는데 마법사 멀린은 드루이드를 토대로 가공된 인물이라고 여겨진다. 드루이드는 주로 숲에서 의식을 거행했다.

◀ 호수의 여인이 아서왕과 멀린에게 엑스칼리버를 전달하는 장면을 그린 판화.

호수에서 나온 엑스칼리버

악을 처단하고 아서왕의 격전을 도운 명검

적군은 물론이고 괴물과 마물까지 쓰러뜨리며 세력을 확대해간 아서왕의 전설은 그야말로 전형적인 모험극이다. 이때 마력을 지닌 무적의 무기 엑스칼리버도 아서왕에게 큰 힘을 부여했다. 엑스칼리버는 명검의 대명사로 통하는 검이다.

전장에서 적에게 당할 뻔한 젊은 아서왕은 절체절명의 순간에 마법사 멀린 덕택에 목숨을 부지했다. 자신의 한심함에 낙담한 아서왕은 멀린과 함께 호수로 가서 엑스칼리버를 손에 넣고자 했다. 호수의 여인에게 간청하자 수면에서 팔과 함께 검이 나타났고, 검을 아서왕에게 건넸다.

엑스칼리버는 바른 사람이 앞에 있을 때는 칼집에서 나오지 않았고, 나쁜 마음을 지닌 자가 앞에 있을 때는 칼집에서 나와서 상대를 베는 검이다. 아서왕의 활약에 빠질 수 없는 무기였다.

만년에 아서왕은 조카 모드레드•의 반란으로 크게 다쳤다. 아서왕은 죽음이 다가오고 있음을 깨닫고 엑스칼리버를 돌려놓기 위해 호수로 향했다. 부하가 호수로 검을 던지자 팔이 나와서 검을 쥐고 물속으로 사라졌다.

빈사 상태의 아서왕은 배를 타고 마법의 나라 아발론으로 향했다. 그곳에는 서로 미워했던 누나이자 마녀인 모건이 있었다. 둘은 화해했고 아서왕은 영면에 들었다. 그리고 언젠가는 재림하리라는 여운을 남기며 이야기는 마무리된다.

• 아서왕의 조카. 적군 색슨인과 밀약을 맺고 아서왕을 배반했다. 사투 끝에 아서왕에게 치명상을 입혔다. 모드레드도 아서왕의 창에 찔려 숨졌다.

아서왕을 섬긴 원탁의 기사

아서왕에게 충성을 맹세한 기사는 왕을 포함한 모두가 대등함을 나타내는 원탁에 둘러앉았다(좌석 수에 대해서는 여러 설이 있음). 현재 국제회의가 원탁에서 이루어지는 것도 이러한 평등 정신에 기반하고 있기 때문이다.

원탁의 기사 에피소드 ①
쌍검의 기사, 부도덕한 기사

원탁의 기사 결성 이전부터 아서왕을 섬겼던 베이린. 베이린은 원탁의 기사가 뽑지 못한 검을 뽑으면서 파멸의 길을 걷게 된다.

원탁의 기사 에피소드 ②
원탁의 기사의 리더

아서왕의 맏조카이자 오른팔로도 활약한 가웨인. 아침부터 정오까지는 힘이 3배로 강해지는 특징을 지닌 충직한 기사다.

원탁의 기사 에피소드 ③
요정이 키워낸 기사

원탁의 기사 중에서도 유명한 랜슬롯. 아서왕을 능가할 정도라고도 했던 인물로, 인망이 두터웠으나 아서왕의 아내와의 사랑으로 고뇌한다. 이러한 이유로 훗날 아서왕과 대립하며 왕국이 분열되는 원인 중 하나를 제공했다.

원탁의 기사 에피소드 ④
슬픔이라는 이름의 기사

중세 유럽의 산문 『트리스탄과 이졸데』로 유명한 트리스탄. 랜슬롯에 버금가는 기사로 여러 무훈을 세웠으나 이루어질 수 없는 슬픈 사랑 때문에 인생이 꼬이고 말았다.

시대를 반영해 온 아서왕 전설

이상적인 군주의 모습을 담아낸 캐릭터

아서왕은 실존 인물은 아니다. 6세기경에 브리튼군을 이끌고 색슨인과 싸운 지휘관이 아서왕의 모델이었다는 말도 있다. 이후 수 세기에 걸쳐 이상적인 왕의 모습이 덧붙여지면서 여러 아서왕 전설이 탄생했다.

아서왕은 호기심이 왕성하고 모험을 좋아했다. 자신을 따르는 전사들을 먹이고 보살피며 기사로 키워낸 넓은 마음의 소유자였다. 인간계는 물론이고 이세계를 오가며 온갖 괴물을 무찌르는 등 초인적인 능력도 발휘했다.

성검 엑스칼리버를 시작으로 단검, 창, 방패 등을 다룬 신화 최고의 영웅이다. 10세기 이후의 문헌에는 켈트 신화의 영향이 크게 반영되었다. 엑스칼리버는 다누 신족이 가진 마법의 검에서 모티프를 따온 것이라는 이야기도 있다.

12세기에는 중세의 기사 이야기가 가미되며 이상적인 군주의 모습으로 묘사되었다. 아버지 우서왕, 아내 기네비어•, 아서왕을 죽음으로 몰아간 조카 모드레드 등도 이 시기에 등장하면서 복잡한 인간관계가 펼쳐진다.

모드레드와의 사투 끝에 마법의 나라 아발론으로 향하게 되는 결말에도 여러 설이 있으며, 12세기에는 글래스턴베리의 수도원에서 아서왕의 무덤이 발견되었다고도 한다.

- 아서왕의 아내. 아서왕의 마음이 자신에게서 멀어지는 것을 깨닫고 원탁의 기사 랜슬롯과 금단의 사랑에 빠진다. 둘의 사랑은 아서왕 진영의 내란을 불러왔고 나라는 멸망했다.

아서왕 등 켈트 신화의 무대

켈트 신화는 아일랜드를 중심으로 잉글랜드, 웨일스 등을 무대로 삼고 있다. 지금도 거친 자연이 위용을 떨치는 지역으로, 각지에는 신화와 관련된 유적이 곳곳에 남아 있다.

〈얼스터 대계〉
얼스터 대계는 이곳을 중심으로 펼쳐진다.

스코틀랜드

칼레온
아서왕의 궁전이 있었다고 하는 땅.

잉글랜드

아일랜드

〈신화 대계〉
다누 신족과 밀레 신족이 전투를 벌였다고 하는 곳.

타라 언덕
거석 유적이 남아 있는 장소.

웨일스

틴타겔
아서왕의 고향.

도즈마리 풀
아서왕이 엑스칼리버를 손에 넣은 호수.

캄란
아서왕이 마지막 전투에 임한 곳.

글래스턴베리
아서왕의 무덤이 발견되었다.

솔즈베리
스톤헨지가 있다. 스톤헨지는 멀린이 건설한 것으로 알려져 있다.

세계의 신들

신과 영웅이 사랑한 강력한 무기
켈트 신화

다양한 신과 영웅이 활약한 켈트 신화에도 각종 무기가 등장한다. 마지막으로 켈트 신화 속 최강의 무기를 소개하겠다.

1. 최고신 다그다

너무 크고 무거워서 전용 수레로 날라야 했다는 곤봉. 한 번 휘두르기만 해도 9명의 적을 쓰러뜨릴 수 있고, 반대 방향으로 휘두르면 죽은 사람을 되살릴 수 있는 신비한 무기다.

파괴와 재생, 생사를 관장하는
곤봉

Ⅱ. 영웅 쿠 훌린

파열의 창, 천둥의 투척, 사복蛇腹창 등으로 불린 무기. 창날은 바다짐승의 뼈로 만들어졌는데 던지면 30개의 화살촉이 되었고 찌르면 30개의 가시가 되어 표적을 찢었다.

신들마저 두려워한
파괴력을 지닌
게 볼그

Ⅲ. 영웅 아서왕

아서왕의 무기라고 하면 빼놓을 수 없는 성검 엑스칼리버. 마법의 힘이 깃들어 있어서 칼날의 이가 나가는 법이 없었고 눈부신 빛을 뿜어냈다고 한다. 호수의 여인이 전해주었다는 설도 있다.

모든 것을 단칼에
끝내버리는 성검
엑스칼리버

4장

이집트 신화, 인도 신화, 메소아메리카 신화의 신들

•

세계 각지에는 그 밖에도 매력적인 신화의 신들이 존재한다. 그중에서도 고대 이집트에서 탄생한 이집트 신화, 고대 인도인들의 인도 신화, 고대 메소아메리카의 아스테카 문명과 마야 문명 속 신들을 소개하겠다.

이집트의
네 가지 창세 신화

4개 지역을 중심으로 여러 신이 혼재

이집트 신화는 하나로 정해진 창세기가 없다는 점이 가장 큰 특징이다. 이집트라고 묶어 부를 수 있는 지역의 범위가 넓었다는 점, 군웅할거가 이어지며 지배자가 연이어 바뀌었다는 점 등 몇 가지 이유를 꼽을 수 있다. 3000년이나 되는 오랜 세월 동안 지역마다 다른 신화가 전승되었고 도시별로, 시대별로 내용이 다른 다양한 신화가 존재했다.

지배자들이 백성의 충성을 얻기 위해 아전인수 격으로 창세기와 신의 역사를 써 내려간 영향도 크다. 패배한 측이 숭배하던 신을 지워버리지 않고 승리한 측의 신의 세계에 포함시켰기 때문에 복합신이 만들어지면서 신화가 한층 복잡해진 상태로 전해져 내려왔다.

창세 신화도 헬리오폴리스 신화, 헤르모폴리스 신화, 멤피스 신화, 테베 신화 등 크게 네 가지°가 존재하며 주신도 제각기 다르다. 단, 아무것도 없는 '눈'이라는 혼돈에서 세계가 시작되었다는 점은 동일하다.

헬리오폴리스 창세 신화에서는 태양신이 자신의 의지로 눈에서 태어나 태초의 언덕을 창조했다. 여기에서 공기의 신과 습기의 신이 태어나 결혼했고 자손들이 태어났다.

헤르모폴리스 신화에 따르면 눈에서 태어난 신은 수컷 개구리 4마리와 암컷 뱀 4마리다.

이렇게 여러 창세 신화가 전승되다가 나중에는 태양신 아문 라가 절대신이 되었다.

- 네 가지 신화의 주신은 다음과 같다. 헬리오폴리스 신화에서는 태양신 아툼, 헤르모폴리스 신화에서는 지혜의 신 토트, 멤피스 신화에서는 창조신 프타, 테베 신화에서는 전쟁의 신 몬수 혹은 태양신 아문이 주신이다.

이집트에 전해져 내려오는 네 가지 창세 신화

	중심지	주신	내용
헬리오폴리스 신화	지금의 카이로 부근	태양신 아툼	혼돈의 바다 눈에서 태어난 창조신 아툼을 중심으로 세계가 만들어져감.
헤르모폴리스 신화	지금의 엘아슈 무네인	지혜의 신 토트	눈에서 여덟 신이 탄생함. 이 여덟 신의 감시자 역할을 한 것이 토트.
멤피스 신화	지금의 미트 라히나	창조신 프타	태양신과는 별개의 신 프타를 숭배함. 프타가 세계의 모든 것을 창조함.
테베 신화	지금의 룩소르	전쟁의 신 아문, 태양신 아멘	아문이 태양신 라와 결합해 아문 라가 되었고 모든 창조신을 융합해 최고신이 됨.

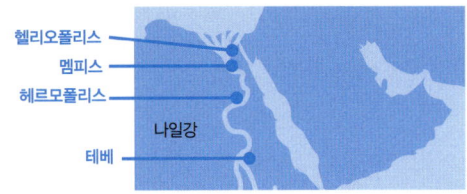

헬리오폴리스
멤피스
헤르모폴리스
나일강
테베

세상을 구성하는 신들 (헬리오폴리스 신화)

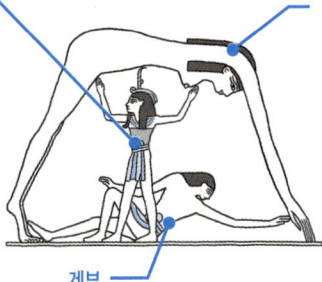

슈
창조신 아툼에게서 태어난 공기의 신. 누트와 게브의 아버지기도 하다. 자식들 사이를 떼어놓아 생명체가 살 수 있는 공간을 만들었다.

누트
하늘의 여신. 몸 자체가 하늘로 낮에는 태양이 지나가는 길이 되었고 밤이면 별이 반짝였다. 게브가 누트의 손을 놓지 않았기 때문에 팔다리가 길게 늘어났다.

게브
슈와 습기의 여신 테프누트 사이에서 태어난 대지의 신. 동생 누트와 결혼했는데 좀처럼 떨어지려 하지 않는 탓에 슈가 억지로 떼어놓았다.

세계의 신들

전지전능한 힘을
손에 넣은 아문 라

정치적·역사적으로 융합되며 만들어진 절대적인 태양신

　네 가지 신화 속 여러 신의 존재를 믿었던 고대 이집트 사람들. 그중에서도 아문 라는 유독 특별한 존재다.

　신화의 토대가 되는 이집트의 기본 사상은 태양 숭배 그리고 인간을 구성하는 다섯 가지 요소다.

　심장을 보호하기 위해 미라가 만들어졌고, 망자는 생명인 '카'와 인격인 '바'가 일체화된 '아크'가 됨으로써 낙원 아아루에서 영원히 살아갈 수 있었다.

　그리고 태양을 움직이는 신 라가 일출과 함께 이 세상에 태어나고 일몰 때는 죽어서 배를 타고 명계를 여행한다. 이 여행이 끝나면 영혼이 되살아나며 다시 아침이 찾아온다.

　이러한 세계관과 사생관을 토대로 한 각종 신화와 신들 가운데 아문 라가 절대적인 힘을 지닌 최고신이 된다.

아문 라는 이집트 왕인 파라오*의 권위를 나타내는 상징이 되기도 했다. 역대 파라오는 자신을 태양왕이자 라의 아들이라고 칭했으며 이름에는 아문을 넣었다.

아문 라 신앙이 지나치게 성행하자 이를 우려한 파라오 아멘호테프 4세는 아톤을 최고신으로 하는 종교 개혁을 단행했다. 하지만 민중은 아문 라 신앙을 버리지 못했고 아톤 신앙은 1대 만에 끝나버렸다.

- 고대 이집트의 왕을 가리키는 칭호. 원래는 커다란 집 즉, 왕의 궁전을 뜻했다. 신들과 인간을 이어주는 존재로 숭배받았다.

절대적인 숭배의 대상 아문 라

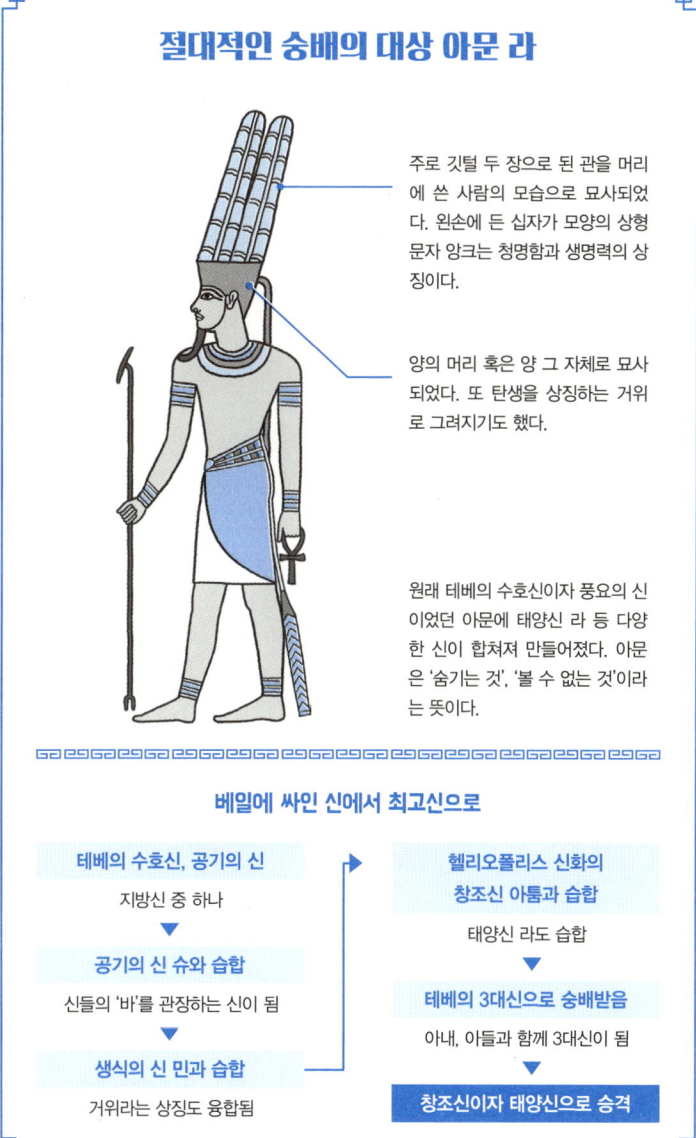

주로 깃털 두 장으로 된 관을 머리에 쓴 사람의 모습으로 묘사되었다. 왼손에 든 십자가 모양의 상형문자 앙크는 청명함과 생명력의 상징이다.

양의 머리 혹은 양 그 자체로 묘사되었다. 또 탄생을 상징하는 거위로 그려지기도 했다.

원래 테베의 수호신이자 풍요의 신이었던 아문에 태양신 라 등 다양한 신이 합쳐져 만들어졌다. 아문은 '숨기는 것', '볼 수 없는 것'이라는 뜻이다.

베일에 싸인 신에서 최고신으로

테베의 수호신, 공기의 신
지방신 중 하나
▼
공기의 신 슈와 습합
신들의 '바'를 관장하는 신이 됨
▼
생식의 신 민과 습합
거위라는 상징도 융합됨

헬리오폴리스 신화의 창조신 아툼과 습합
태양신 라도 습합
▼
테베의 3대신으로 숭배받음
아내, 아들과 함께 3대신이 됨
▼
창조신이자 태양신으로 승격

4장 | 이집트 신화, 인도 신화, 메소아메리카 신화의 신들

전통 있는 신과 새로운 신이 만나 강해지다

고대 신앙의 기원과 새로운 신이 일체화하며 힘을 키우다

약 1700년이나 되는 오랜 기간에 걸쳐 이집트 신화 세계관에서 절대신이자 최고신의 지위를 유지한 아문 라. 이 굳건하고도 널리 확산되었던 신앙은 아문과 라가 습합했기에 가능한 것으로 여겨진다.

라는 원래 이집트에서 절대시되어 온 태양을 관장하는 불사의 신이다. 아문은 네 가지 신화 중 가장 최신인 테베 신화 속에서 확립된 신이다.

그러나 아문의 기원은 헤르모폴리스 신화 속 고대의 여덟 신(오그도아드) 중 하나인 아멘이다.

아멘은 보이지 않는 존재로서의 성질을 지녔고 이 때문에 자유자재로 모습과 의미를 바꿀 수 있는 신이기도 했다. 생명의 신, 생식의 신 등과 결합하며 힘을 키웠고, 헬리오폴리스 신화의 창조신 아툼˙과도 융합했다.

아툼은 이미 태양신 라와 습합한 상태였기 때문에 아멘은 아문 라가 되어 창조신과 태양신이 습합한 신으로서 힘을 발휘하게 되었다.

평민 출신 파라오 아메넴헤트 1세가 자신의 권위를 강화하기 위해 아문 라를 새로운 주신으로 삼는 등의 정치적인 배경도 덧붙여지면서 아문 라는 이집트 신들의 우두머리, 이집트인들의 숭배의 대상이 되었다.

- 태초의 혼돈 눈에서 태어난 헬리오폴리스 신화의 창조신. 공기의 신 슈와 습기의 여신 테프누트를 혼자서 낳은 양성구유의 신이다.

이집트 전역에서 숭배의 대상이 된 태양신 라

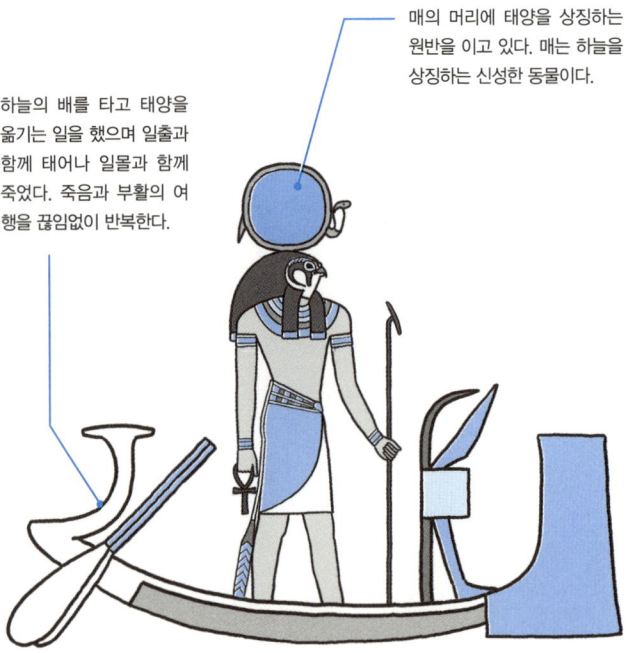

매의 머리에 태양을 상징하는 원반을 이고 있다. 매는 하늘을 상징하는 신성한 동물이다.

하늘의 배를 타고 태양을 옮기는 일을 했으며 일출과 함께 태어나 일몰과 함께 죽었다. 죽음과 부활의 여행을 끊임없이 반복한다.

권위를 나타내는 신

왕좌에 오른 왕들은 자신이 파라오임을 정당화하기 위해 라의 아들을 자칭하며 그 어마어마한 영향력에 기대려고 했다. 라는 헬리오폴리스 신화에서는 아툼과 결합하며 창조신으로 숭상받는다. 알렉산더왕도 스스로를 아멘의 아들이라고 칭했다.

이집트와 태양 숭배

작물의 성장을 좌우하며 생명을 기르는 한편, 가뭄 등의 재앙을 몰고 오기도 하는 태양은 이집트는 물론이고 세계 각지에서 경외의 대상이었다. 이 때문에 각지의 신화에서는 태양신의 힘이 매우 강했다. 시대와 지역을 초월해 널리 숭배되었던 것도 수긍이 간다.

이상적인 왕이자 명계의 왕인 오시리스

삶과 죽음을 둘러싼 세계관을 결정지은 특별한 존재

이집트 신화에서 가장 중요한 신 중 하나로 꼽히는 오시리스는 헬리오폴리스 창세기를 기원으로 하는 신이다. 무한한 혼돈의 바다 눈에서 스스로 나타난 아툼은 혼돈 속에서 일어나 창조의 힘을 갖게 되어 창조신이 된다. 아툼은 혼자서 공기의 신 슈와 습기의 여신 테프누트를 낳았고 이들 오누이가 결혼을 했다.

슈와 테프누트 사이에서 대지의 신 게브와 하늘의 여신 누트가 태어났다. 그리고 다시 오누이인 게브와 누트가 결혼해서 낳은 자녀 넷 중 첫째 아들이 오시리스다.

게브와 누트는 사이가 너무 좋아서 언제나 꼭 붙어 다녔는데 아버지인 슈가 보다 못해 둘을 떼어놓았다고 한다(142쪽 참조). 이때 이미 누트는 임신한 상태였는데 아버지와 마찬가지로 격분한 조부 아툼의 눈을 피해 출산했다. 이때 도움을 베푼 것이 지혜의 신 토트다.

게브와 누트의 자녀들인 오시리스, 이시스, 세트, 네프티스는 각기 오누이 간에 결혼했다. 이들 네 신은 여러 형태로 모습을 바꿔가며 이집트 신화에서 중요한 역할을 했다.

오시리스는 농경의 신이기도 하다. 지적이고 온화한 성격이었다. 사람들에게 농업과 법의 지혜를 전수하고, 호전적이었던 이집트인들에게 평온한 생활을 가져다준 것으로 알려져 있다.

또한 오시리스는 사람들뿐 아니라 다른 신에게도 숭배받는 신으로 군림했다. 동생인 사막의 신 세트는 형의 인기를 질투했다. 이것이 오시리스 신화의 발단이 되었다.

- 원래는 달이 차고 이우는 주기를 기록하는 신이었다. 문자와 숫자를 발명하며 지혜의 신이 되었다. 따오기 혹은 개코원숭이의 모습으로 묘사되는 경우가 많았다.

부활 후 명계의 왕이 된 오시리스

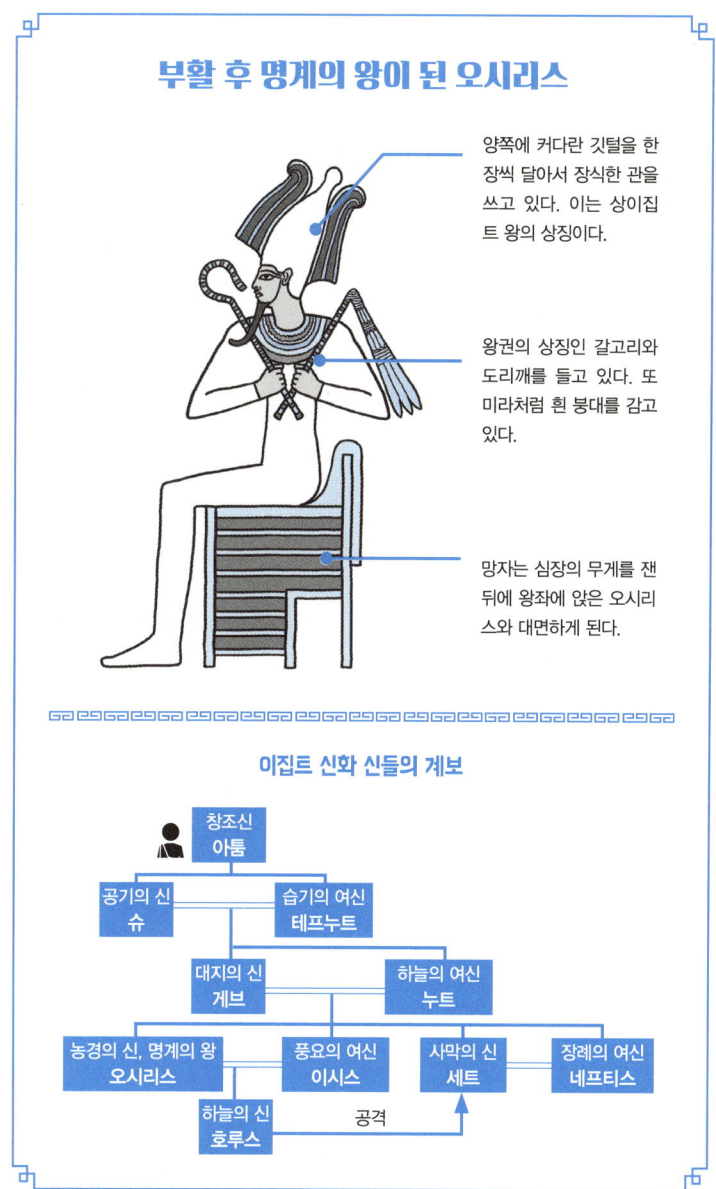

양쪽에 커다란 깃털을 한 장씩 달아서 장식한 관을 쓰고 있다. 이는 상이집트 왕의 상징이다.

왕권의 상징인 갈고리와 도리깨를 들고 있다. 또 미라처럼 흰 붕대를 감고 있다.

망자는 심장의 무게를 잰 뒤에 왕좌에 앉은 오시리스와 대면하게 된다.

이집트 신화 신들의 계보

- 창조신 **아툼**
  - 공기의 신 **슈** ─ 습기의 여신 **테프누트**
    - 대지의 신 **게브** ─ 하늘의 여신 **누트**
      - 농경의 신, 명계의 왕 **오시리스**
      - 풍요의 여신 **이시스**
      - 사막의 신 **세트**
      - 장례의 여신 **네프티스**
        - 하늘의 신 **호루스** — 공격 →

4장 | 이집트 신화, 인도 신화, 메소아메리카 신화의 신들

죽음과 부활을 그린 오시리스 신앙

질투로 살해당한 후 풍요와 재생의 상징이 된 신

존경받는 신으로 사람과 신들의 숭배를 받던 오시리스와는 대조적으로, 그의 동생인 사막의 신 세트는 분쟁을 즐긴 난폭한 신이었다.

분쟁을 없애고자 한 오시리스의 방침과 오시리스가 누린 인기를 못마땅하게 여긴 세트는 질투와 원한 때문에 오시리스를 관에 가두어 나일강에 떠내려 보냈다.

오시리스의 동생이자 아내인 풍요의 여신 이시스는 남편의 죽음을 알게 되자 남편을 부활시키기 위해 길을 떠났다. 멀리 떨어진 비블로스(지금의 레바논)에서 남편의 관을 발견한 이시스는 관을 이집트로 가지고 돌아가 남편을 부활시키기 위해 온갖 방법을 써보았다.

세트는 이를 저지하기 위해 이시스가 숨겨둔 오시리스의 관을 찾아서 시신을 토막 낸 뒤 이집트 전역에 뿌렸다. 이시스는 다시 시신을 수습해 동생이자 세트의 아내인 네프티스•와 망자의 신 아누비스의 도움을 받아 남편을 부활시켰다.

토막 난 오시리스의 시신은 이시스가 거두어 간 후에도 그 땅에 작물을 싹틔우며 풍요를 가져다주었다고 한다.

아내의 헌신적인 사랑으로 부활한 오시리스는 지상의 신으로 복귀하지 않고 명계의 신이 되는 길을 선택했다.

- 대지의 신 게브를 아버지로, 하늘의 여신 누트를 어머니로 둔 장례의 여신. 오시리스와 이시스의 동생이기도 하다. 오시리스의 부활에 협력한 일로 망자의 수호신이 되었다.

오시리스 신화와 이집트의 사생관

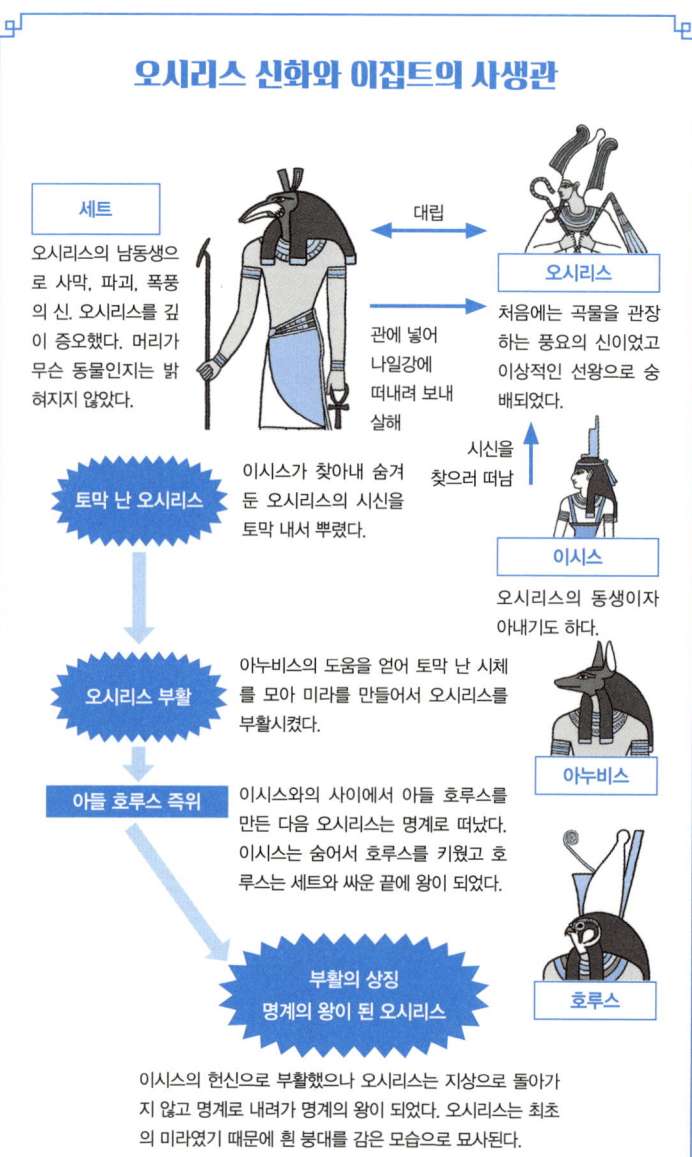

세트
오시리스의 남동생으로 사막, 파괴, 폭풍의 신. 오시리스를 깊이 증오했다. 머리가 무슨 동물인지는 밝혀지지 않았다.

대립 ↔

오시리스
처음에는 곡물을 관장하는 풍요의 신이었고 이상적인 선왕으로 숭배되었다.

관에 넣어 나일강에 떠내려 보내 살해

이시스
오시리스의 동생이자 아내기도 하다.

시신을 찾으러 떠남

토막 난 오시리스
이시스가 찾아내 숨겨 둔 오시리스의 시신을 토막 내서 뿌렸다.

오시리스 부활
아누비스의 도움을 얻어 토막 난 시체를 모아 미라를 만들어서 오시리스를 부활시켰다.

아누비스

아들 호루스 즉위
이시스와의 사이에서 아들 호루스를 만든 다음 오시리스는 명계로 떠났다. 이시스는 숨어서 호루스를 키웠고 호루스는 세트와 싸운 끝에 왕이 되었다.

호루스

부활의 상징 명계의 왕이 된 오시리스

이시스의 헌신으로 부활했으나 오시리스는 지상으로 돌아가지 않고 명계로 내려가 명계의 왕이 되었다. 오시리스는 최초의 미라였기 때문에 흰 붕대를 감은 모습으로 묘사된다.

부활을 바라는 망자의 수호신 아누비스

자칼의 머리를 하고 미라 제작을 도우며 망자를 지키는 신

아누비스는 묘지의 신, 미라 만들기의 신이자 망자의 신이다. 망자의 부활이 중요했던 이집트에서 아누비스는 중요한 존재였다.

그는 자칼의 머리를 하고 있거나 자칼 그 자체의 모습이었는데, 묘지 주위에 사는 자칼이 묘지를 지키는 것처럼 보인 데에서 유래한 것이다.

아누비스의 출생과 관련해서는 여러 설이 있다. 그중에서도 오시리스와 장례의 여신 네프티스의 아들이라는 설이 유력하다. 네프티스는 오시리스의 동생이자 세트의 아내다. 즉, 아누비스는 둘째 아들의 아내가 첫째 아들과 외도를 해서 태어난 사생아라는 말이 된다.

세트에게 살해당한 오시리스의 시신을 수습해서 미라로 만든 일이 계기가 되어, 아누비스는 명계에서 오시리스를 도와 중요한 임무를 수행하게 되었다. 아누비스는 망자를 인도하는 한편, 오시리스의 심판 때는 망자의 심장과 법과 정의의 여신의 깃털을 저울에 달아 그 무게를 비교하는 일을 맡았다.

무게가 같거나 깃털이 더 무거우면 망자는 영생을 얻어 아아루라는 낙원에서 살 수 있었다. 하지만 망자의 심장이 더 무거우면 죄인으로 여겨졌고, 암무트*라는 짐승이 심장을 먹어버렸기 때문에 두 번 다시는 부활할 수 없었다.

- '영원한 불멸'을 뜻하는 짐승. 악어의 머리, 사자의 상반신, 하마의 하반신을 하고 있으며 명계의 심판을 통해 죄인으로 판정된 영혼을 먹어 치웠다.

망자를 보호하고 인도하는 신 아누비스

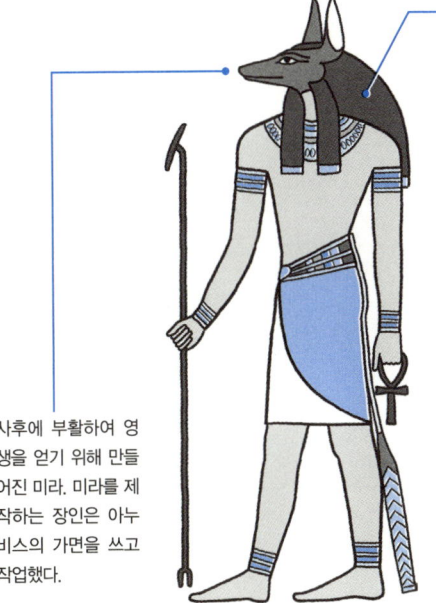

검은 자칼의 머리를 한 신. 무덤 주위에 사는 자칼이 무덤을 지키는 것처럼 보이는 데에서 유래했다고 한다.

미라 만드는 일을 한다. 망자를 명계로 인도하고 그들의 심장 무게를 잴 때 함께 있기도 했다.

사후에 부활하여 영생을 얻기 위해 만들어진 미라. 미라를 제작하는 장인은 아누비스의 가면을 쓰고 작업했다.

사람을 구성하는 다섯 가지 요소

고대 이집트인은 인간이 바, 카, 입, 렌, 셰우트라는 다섯 가지로 구성되어 있다고 생각했다. 이 다섯 가지 요소는 살아가는 데 없어서는 안 될 것이었고, 사후 세계에서도 꼭 필요하다고 여겨졌다. 바는 인간의 개성과 성격을 특징짓는 정신적인 부분으로, 사람의 머리를 한 새의 모습으로 표현된다. 카는 생명력 그 자체로 영혼과 같은 요소다. 바와 카의 결합체를 아크라고 하는데, 아크가 되면 영생을 손에 넣고 사후에도 낙원에서 살아갈 수 있었다.

망자의 심장

정의의 여신 마아트의 깃털
(망자의 심장과 무게를 비교했다)

이집트 신화

갖은 고난을 겪은 모자 이시스와 호루스

위대한 여신인 어머니의 도움으로 패권을 쟁취한 아들

　오시리스의 아내 이시스는 이상적인 아내이자 어머니였다고 한다. 남편 오시리스의 관을 찾기 위해 떠돌다 도착한 곳에서 이시스는 몇 년간 유모로 일하기도 했다. 사생아로 태어나 출산 직후에 버려진 아누비스를 거두어 키운 것도 이시스였다. 이 때문에 풍요의 여신인 동시에 자애와 모성을 상징하는 신이기도 했다.

　이시스가 살해당한 남편 오시리스를 부활시킨 후 둘 사이에 태어난 아들이 호루스다. 시신을 수습할 때 오시리스의 성기는 나일강에 사는 물고기가 먹어버려 찾을 수 없었기 때문에 이시스가 마

- 그리스의 역사가 헤로도토스는 이집트는 나일강의 선물이라고 했다. 수량이 풍부하고 1년에 수개월이나 계속되는 홍수로 토지를 비옥하게 해주는 나일강 덕택에 사막지대인 이집트에 고도의 문명이 형성될 수 있었다.

법을 사용해 남편과의 사이에서 아들을 낳았다는 전승도 있다.

이시스는 남편과 본인 그리고 아들을 증오하는 세트의 눈을 피해 호루스를 훌륭하게 키워냈다. 청년이 된 호루스는 세트가 아버지에게서 빼앗아 간 지상의 왕좌를 탈환하기 위해 전쟁에 나섰다.

신들의 전쟁은 매우 치열했고 일진일퇴의 공방이 이어졌다. 이때도 이시스는 계략과 마법을 동원해 아들에게 힘을 실어주었다고 한다.

최종적으로는 신들이 상의해 누가 왕좌를 차지할지 결정하기로 했는데, 오시리스가 명계에서 나타나 호루스를 지지하면서 호루스가 이집트를 다스리게 되었다.

오시리스의 가족 '이상적인 아내와 아들'

이시스

사람의 모습으로 묘사되며 전형적인 현모양처로 여겨졌다. 머리에는 왕좌를 얹고 있으며 파피루스로 된 지팡이를 들고 있다.

호루스

매의 머리를 하고 있으며 매 그 자체로 묘사되기도 한다. 오른쪽 눈은 태양, 왼쪽 눈은 달을 가리키는 것으로 여겨졌다.

망자의 심판 때는 남편 오시리스의 뒤에서 오시리스의 여동생과 함께 심판을 지켜보았다.

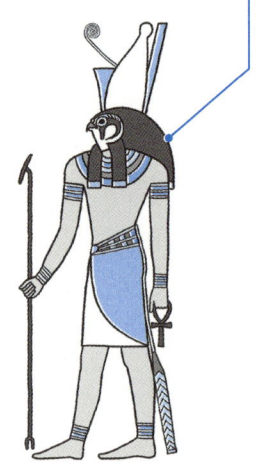

망자의 심판 때는 심장 무게 측정이 끝난 망자를 아버지 오시리스에게로 인도했다.

『사자의 서』와 사후 세계

고대 이집트인들은 인간이 죽은 다음에는 망자의 심판을 통해 생전의 행동을 평가받는다고 생각했다. 이를 기록한 책 『사자의 서』는 미라와 함께 매장되었다. 심판은 재판관인 42명의 신과 재판장이자 명계의 왕 오시리스가 집행한다. 망자의 심장은 명계의 신 아누비스가 지켜보는 가운데 저울 위에 올랐다. 망자의 심장 쪽으로 저울이 기울면 즉, 망자가 죄인이면 그는 부활할 수 없었다. 결백하다면 이상적인 낙원으로 갈 수 있었다.

인도 신화의 신들과 세계관

신의 나라 인도, 여전히 사람들과 함께 살아가는 신들

인도에 가면 거리 곳곳에 화려하게 채색된 신들이 넘쳐나는 풍경에 놀랄 것이다. 이 신들은 고대로부터 3000여 년에 걸쳐 전해져 내려온 방대한 규모의 신화에 등장하는 신들이다. 그 숫자가 무려 삼억 삼천만이나 된다고 한다. 이처럼 인도 신화는 다신교적 세계관을 지닌 것이 특징이다.

기원전 드라비다계 민족이 인더스강 유역에 문명을 세웠고 인더스강 지역의 토착 종교들과 드라비다교가 베다 신앙과 융합했다. 그 후 아리아인이 인도에 침입했다. 아리아인은 자연을 신격화한 신들을 숭배했고 사제 브라만이 제례를 거행했다. 머지않아 브라만교라는 토대 위에 드라비다교, 베다 신앙, 불교 등의 다른 종교들이 수용되면서 힌두교가 만들어졌다.

인도 신화의 신들은 주로 이 힌두교의 신이다. 경전은 크게 브라만교의 성전 『베다』•와 힌두교의 서사시 『라마야나』, 『마하바라타』로 나뉘며, 각기 주신도 다르다.

지금도 인도 사람들은 갠지스강에서 목욕을 하면서 육신을 정화하고 자신들이 믿는 신께 기도를 올린다.

믿는 신이 누구인지에 따라 시바파, 비슈누파로 나뉘며 상황에 따라 기도를 올리는 대상이 바뀌는 등 유연한 태도를 보이기도 한다. 생활 속에 기본적으로 신들에 대한 신앙이 깔려 있기 때문이다. 이것이 인도가 '신들의 나라'라고 불리게 된 이유일 것이다.

- 기원전 1200년경에 집성된 가장 오래된 브라만교의 성전들. 신들에 대한 찬가와 제례 등이 기술되어 있다. 『리그베다』 등 네 종류가 있다. 브라만교의 주신은 천둥의 신 인드라다.

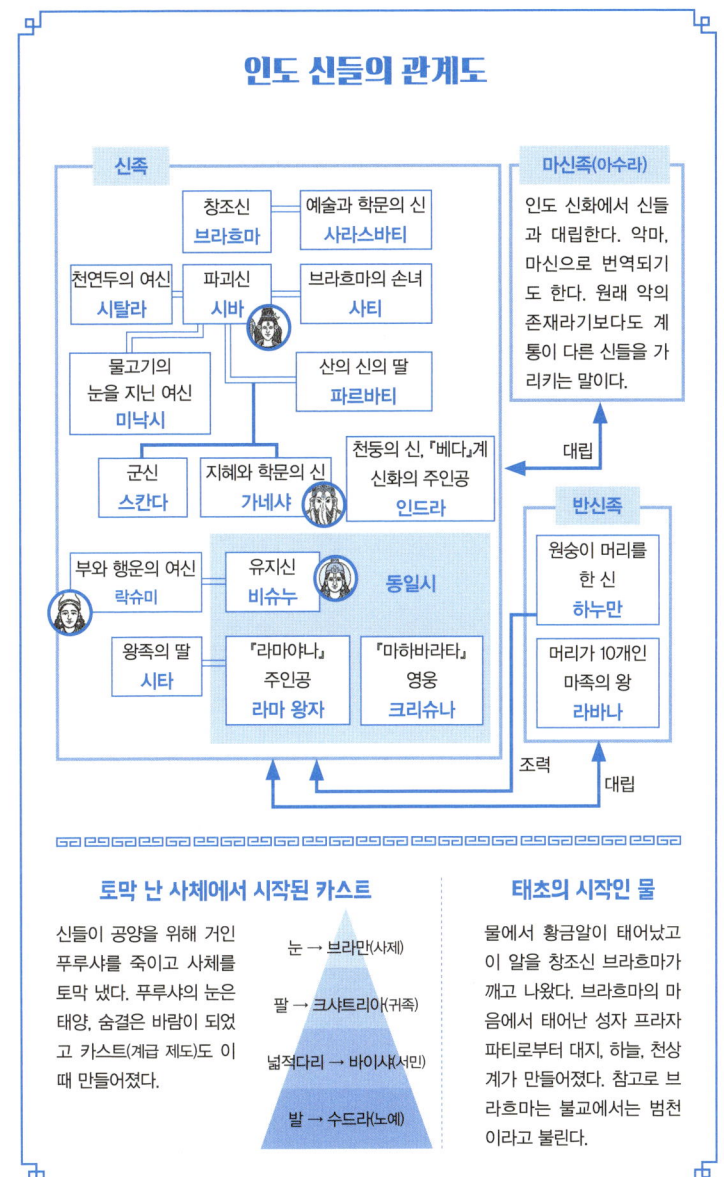

인도
신화

창조하기 위해
파괴를 관장하는 신 시바

길상吉祥을 뜻하는 파란 피부의 거친 신

인도 신화의 대표적인 신은 브라흐마, 비슈누, 시바 세 신으로 각기 창조, 유지, 파괴를 관장한다고 알려져 있다.

단, 지금은 관념적이고 추상적인 브라흐마의 존재감은 약하고 시바와 비슈누가 인기를 양분하고 있다.

시바는 인더스 문명의 유적에서 비슷한 모습의 부조가 발견되어 토착신으로 여겨지기도 한다. 『리그베다』에 등장하는 폭풍우의 신 루드라의 별칭이 시바다. 즉, 루드라가 시바의 원형이 되는 신인 것이다.

루드라는 호우, 폭풍, 천둥 번개를 불러오는 가공할 만한 존재다. 바람과 폭풍우를 불러오는 맹렬하고 공포스러운 신이었다. 반면, 질병을 낫게 하는 치유의 신이라는 면모도 지니고 있었다. 이 양면성은 시바도 그대로 이어받았다.

시바는 이마에 제3의 눈을 지녔다. 아내 파르바티•의 장난으로 생겨난 이 제3의 눈이 발하는 빛은 세상의 삼라만상을 잿더미로 만들어버릴 만큼의 위력을 자랑했다. 시바는 이처럼 세계를 파괴하는 무시무시한 면도 있었으나 이후에 세계를 창조하는 역할도 했다.

시바를 비롯한 인도 신들은 여러 개의 손과 얼굴을 갖고 있다. 시바도 팔이 4개인데 이는 인간을 초월한 능력을 지녔음을 나타내기 위함이라고 알려져 있다.

- '산의 딸'을 뜻하는 여신으로, 히말라야산맥의 산신 히마바트의 딸이다. 온화하고 상냥한 성격으로 용모도 아름답다. 시바와 함께 묘사되는 경우가 많다.

파괴와 재생을 상징하는 신 시바

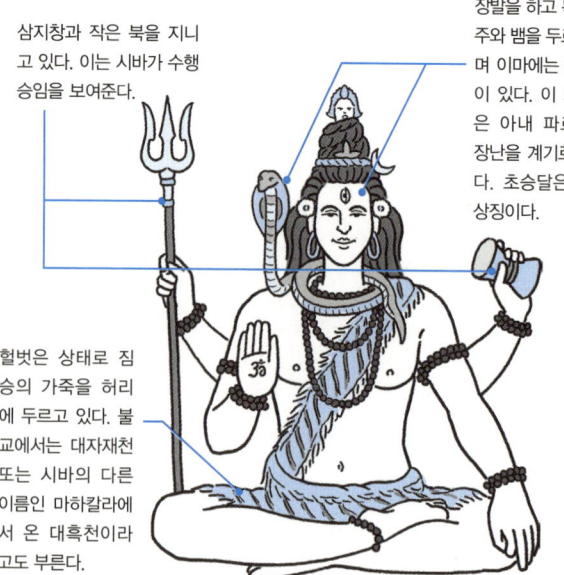

삼지창과 작은 북을 지니고 있다. 이는 시바가 수행승임을 보여준다.

장발을 하고 목에는 진주와 뱀을 두르고 있으며 이마에는 제3의 눈이 있다. 이 제3의 눈은 아내 파르바티의 장난을 계기로 생겨났다. 초승달은 불사의 상징이다.

헐벗은 상태로 짐승의 가죽을 허리에 두르고 있다. 불교에서는 대자재천 또는 시바의 다른 이름인 마하칼라에서 온 대흑천이라고도 부른다.

머리로 갠지스강을 받아 내다

시바의 머리 위에는 신성한 갠지스강의 여신 강가가 있다. 갠지스강을 지상에 내릴 때 기세가 너무나도 거세서 대지로는 다 받아 낼 수 없었기에 시바가 대신 받아 냈다.

시바의 무기 삼지창

삼지창은 천둥 번개 혹은 히말라야의 봉우리를 상징한다. 세 갈래의 창은 각기 욕망, 행동, 지혜를 나타낸다.

시바와 결합한 링가 숭배 신앙

인간의 모습 외에 링가(남근)로 숭배되기도 한 신

시바는 인더스 문명에서도 흔적을 찾아볼 수 있는 오랜 신이다. 단, 시바에 대한 신앙이 크게 발전했을 때는 그 성격에 비아리아적인 요소 즉, 아리아인의 침입으로 남인도로 이동한 드라비다계●의 요소가 강했다.

실제로 남인도에서는 비슈누 신앙보다도 시바 신앙의 역사가 더 오래되었고 시바 신앙은 토착 신앙을 흡수하며 커져갔다.

그 토착 신앙 중 하나가 링가 숭배다. 링가는 추상화된 남근을 뜻하는데 전 세계적으로도 유사한 신앙을 다수 찾아볼 수 있다. 링가는 돌로 만들어졌고 크기는 다양했다. 요니라는 추상화된 여성

● 드라비다계 민족은 인더스 문명을 세운 것으로 알려진 선주민이다. 아리아인은 인도유럽어족의 여러 언어를 사용하는 민족이다.

의 생식기를 받침으로 삼고 그 위에 세워진 형태로 표현되었다.

링가 숭배 신앙은 인더스 문명에서는 찾아볼 수 있지만 아리아인의 종교 세계에는 존재하지 않았고, 베다는 남근 신앙을 배척했다. 하지만 인도에서 비아리아적인 종교가 부활하면서 링가 숭배 신앙은 시바 신앙과 결합해 시바 신앙을 점점 더 키워나갔다.

링가 그 자체로 시바 신앙을 표현하거나 시바와 함께 링가가 묘사되기도 했다. 또 시바의 얼굴이 달린 무카링가도 있었다.

토착 신앙과 결합해 세력을 키워나간 시바 신앙

시바는 자손 번영을 기원하는 남근 숭배(링가 숭배) 신앙과 결합해 더욱 확대되었다. 링가는 돌로 만들어진 기둥으로 크기가 다양하다. 링가 숭배 신앙은 기원전 2600년경부터 기원전 1800년경까지 번성했던 인더스 문명의 유적에서도 찾아볼 수 있는 오랜 신앙으로, 이것이 힌두교에 들어오며 시바와 결합했다.

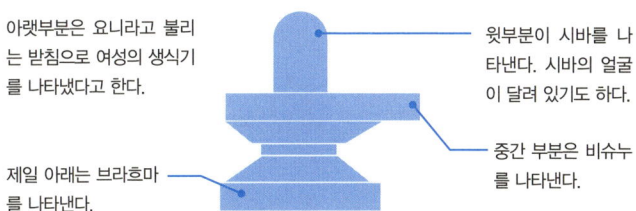

아랫부분은 요니라고 불리는 받침으로 여성의 생식기를 나타냈다고 한다.

윗부분이 시바를 나타낸다. 시바의 얼굴이 달려 있기도 하다.

제일 아래는 브라흐마를 나타낸다.

중간 부분은 비슈누를 나타낸다.

춤추는 왕 시바

시바는 춤의 왕(나타라자)으로도 불렸다. 후광을 배경으로 두르고, 한쪽 다리를 든 채 팔을 벌린 포즈로 춤추는 시바의 조각과 그림도 쉽게 찾아볼 수 있다(인도에서는 우표로 나오기도 했다). 백여덟 가지의 춤을 익히고 있었다고 한다.

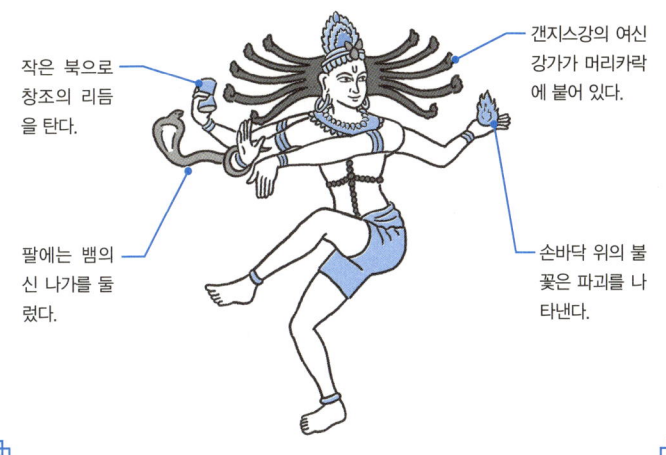

작은 북으로 창조의 리듬을 탄다.

갠지스강의 여신 강가가 머리카락에 붙어 있다.

팔에는 뱀의 신 나가를 둘렀다.

손바닥 위의 불꽃은 파괴를 나타낸다.

4장 | 이집트 신화, 인도 신화, 메소아메리카 신화의 신들

세상의 질서를 유지하는 신
비슈누

고대부터 여러 신을 수용해 다채롭고 복잡한 모습으로 진화

시바와 더불어 인기 있는 신 비슈누는 3대 신 중 유지를 관장하는 신이다. 비슈누는 '널리 퍼지다'라는 의미다. 온화하고 자비로운 성격으로 거칠고 난폭한 성격의 시바와는 대조적인 모습의 신이었다.

『리그베다』에는 천둥의 신 인드라에게 협력하는 태양신으로 등장한다. 세계 곳곳을 비추는 빛의 화신으로 인간을 자비롭게 대하는 존재였다. 하지만 이때는 그다지 중요한 신은 아니었다.

이후 비슈누는 여러 신과 습합하면서 열렬한 숭배의 대상이 된다. 이것이 비슈누가 강력해진 가장 큰 이유로 여겨진다. 이 때문에 비슈누는 다양한 모습과 이름을 지니고 있다. 자세한 내용은 차차 다루기로 하고 여기에서는 기본적인 모습을 소개하겠다.

비슈누는 불상에서 찾아볼 수 있는 반가부좌 자세로 앉은 모습으로 자주 그려진다. 주로 아난타라는 이름의 뱀의 왕과 함께 묘사된다. 아난타는 영원을 뜻하는데 이 또한 비슈누의 속성을 나타낸다. 탈 것으로는 가루다•라는 새를 이용했다.

　오른쪽 위 손의 검지로는 무기인 원반(차크람)을 돌리고 있다. 적을 향해 부메랑처럼 날아가 백발백중했다. 이 원반은 태양의 상징이기도 하다.

- 비슈누의 탈 것인 새의 신 가루다. 태양을 신격화한 거대한 새로 날개는 빨간색이다. 불교에서는 석가의 권속인 가루라라는 신에 대응한다.

인류를 구하는 자비로운 비슈누

여러 개의 머리가 달린 뱀의 왕 아난타 위에 반가부좌를 하고 앉아 있다.

4개의 손에는 무기로 쓰는 회전하는 원반(차크람), 곤봉, 소라고둥, 연꽃을 들고 있다.

탈 것은 가루다라는 이름의 신조神鳥다. 비슈누는 불교에서는 나라연천, 일본에서는 금강역사와 혼동되는 경우가 많다.

수행 끝에 인간을 만든 신

어느 날, 신 마누는 물고기에게서 홍수가 날 것이라는 이야기를 전해 들었다. 미리 이야기를 들은 덕분에 홍수에서 살아남았다. 이후 수행을 거듭한 끝에 마누는 최초의 인류를 만들어냈다. 최초의 인간은 야마와 야미 남매인데 야마는 여동생의 구애를 거절하고 명계의 신이 되었다 (그 외에도 여러 설이 있음).

야마는 불교에 수용되어 염라대왕이 되었다.

마누에게 홍수를 알려준 물고기 마츠야는 비슈누의 화신으로 여겨진다.

세계의 신들

비슈누의 열 가지 화신

세계를 위기에서 구하기 위해 싸워 온 신

앞서 비슈누는 여러 신과 습합해 그 힘을 키워왔다고 했다. 이 때문에 비슈누는 열 가지나 되는 또 다른 모습과 이름을 지니고 있다(스무 가지, 스물두 가지라는 설도 있음).

세계가 악과 혼란에 빠지려고 할 때마다 비슈누는 신들과 인간들을 구하기 위해 동물이나 다른 신 등으로 모습을 바꾸어 세상에 나타났다.

마츠야라는 물고기로 변신해 대홍수를 예언하고, 쿠르마라는 거북이로 변신해 바다에 들어가서는 우유 바다를 젓는 데 도움을 주었고, 바라하라는 멧돼지로 둔갑해 가라앉은 대지를 끌어올리는 등 인간과 신 모두를 차별하지 않고 구해주었다.

몸은 인간, 머리는 사자인 반인반수가 된 적도 있고 난쟁이로 변신하기도 하는 등 자유자재로 모습을 바꾸었다.

인도의 2대 서사시라고 불리는 『라마야나』와 『마하바라타』 속 영웅들도 비슈누의 화신으로 여겨진다. 『라마야나』에서는 주인공인 라마 왕자로 등장하는데 활쏘기가 특기인 이상적인 전사 캐릭터다. 한편 『마하바라타』에서는 크리슈나•라는 용감한 영웅으로 등장했다.

불교의 시조 붓다도 비슈누의 화신이다. 그리고 마지막 화신은 칼키다. 사십삼만 이천 년 후에 있을 세상의 종말 때 백마를 타고 나타나 세계를 구한다고 한다.

- 크리슈나 자체가 예로부터 숭배되어 온 신이다. 신비한 힘을 지닌 아기, 누구나 반할 만큼 피리를 잘 부는 목동 등 다양한 모습으로 존재해 온 친숙한 신이었다.

비슈누의 열 가지 화신

라마 왕자

활을 잘 쏘았고 절대 떨어지는 일이 없는 화살을 지녔다. 영웅다운 멋진 청년의 모습으로 묘사된다.

나라에서 추방당해 숲에서 살게 된다. 팔에는 수행자임을 나타내는 장신구를 하고 있다.

비슈누의 일곱 번째 화신. 『라마야나』의 주인공인 코살라 왕국의 라마 왕자. 무예가 뛰어나고 마음 착한 전사다.

크리슈나

머리에 공작 깃털을 달고 비슈누를 나타내는 U자 마크를 이마에 달았다.

정체를 감추기 위해 목동의 손에 길러졌다. 목동으로 자란 크리슈나는 옆으로 부는 피리를 든 모습으로 묘사된다.

비슈누의 여덟 번째 화신. 서사시 『바가바드 기타』와 『마하바라타』에 등장하는 영웅이다.

비슈누의 화신

- 쿠르마(거북이)… 아수라에게 대항할 수 있는 불사의 영약을 손에 넣기 위해 거북이가 되어 바다로 들어갔다.
- 바라하(멧돼지)… 아수라가 대지를 바다 밑바닥에 가라앉히자 멧돼지가 되어 대지를 끌어올렸다.
- 나라심하(사자 인간)… 아수라와 싸우기 위해 변신했다.
- 바마나(난쟁이)… 마왕을 무찌르기 위해 변신했다.
- 파라슈라마… 도끼를 든 라마의 모습. 팔이 1000개나 되는 적과 싸웠다.
- 마츠야(물고기) → 172쪽 참조.
- 붓다… 불교의 시조 석가.
- 칼키… 마지막 화신. 사십삼만 이천 년 뒤 이 세상의 종말 때 백마를 탄 모습으로 등장한다.

4장 | 이집트 신화, 인도 신화, 메소아메리카 신화의 신들

코끼리 머리를 달게 된 가네샤

볼록 튀어나온 배에 코끼리 머리를 한 시바의 아들

지혜와 학문을 관장하는 신, 부와 번영을 관장하는 신 그리고 장애를 없애고 성공을 가져다주는 신 등 다면적인 성격을 지닌 신이 있다. 바로 코끼리 머리를 한 가네샤다.

그런데 왜 하필 코끼리 머리일까? 이는 아버지 시바 때문이다. 시바는 착각에 빠져 아들의 머리를 잘라버리고 말았다. 아들을 되살리기 위해 시바는 부하에게 제일 먼저 마주치는 동물의 머리를 가져다 붙이라고 명령했다. 잠시 후 코끼리가 지나갔고 시바는 코끼리 머리를 아들의 목에 붙였다(그 외에도 여러 설이 있음).

장애를 없애준다는 신격이 가네샤의 가장 오래된 신앙이다. 가네샤의 또 다른 이름인 비흐네슈바라의 의미는 '장애의 신'이다.

지금도 인도에서는 여행을 떠날 때 가네샤에게 무사 귀환을 기원하며, 새로운 사업을 시작할 때 가네샤에게 기도를 올린다.

서사시 『마하바라타』*를 받아쓴 이가 가네샤였다는 점에서 지혜와 학문의 신으로 간주되기도 한다. 사업과 장사를 보우하는 부와 번영의 신이기도 해서 인도에서는 입구에 가네샤상을 모셔둔 가게를 많이 찾아볼 수 있다.

    탈 것으로는 의외로 쥐를 이용했다. 사람들을 골치 아프게 한 쥐를 퇴치해주고 하인으로 삼았다.

- 『라마야나』와 더불어 인도의 2대 서사시로 꼽히는 힌두교 성전. 두 왕족 간의 다툼을 배경으로 신화, 종교, 철학, 도덕, 법 등이 기술되어 있다.

유머러스한 모습의 신 가네샤

코끼리 머리를 한 신. 아버지 시바가 실수로 머리를 잘라버리는 바람에 가장 먼저 마주친 코끼리의 머리를 대신 달아주었다.

부의 신답게 배가 볼록 튀어나온 대식가. 좋아하는 간식인 모다카를 들고 있다.

불교에서는 성천(환희천)이라고 불리며, 남녀가 둘이 껴안고 있는 모습으로 표현되는 경우가 많다. 이 때문에 일본에서는 인연을 맺어주고 아이를 점지하는 신이 되었다.

동생은 군신 스칸다

시바와 파르바티의 아들로 알려진 전쟁의 신. 6개의 얼굴에 공작을 거느린 모습으로 묘사된다. 불교에서는 위타천에 대응한다.

일본에서는 환희천

가네샤는 일본으로 건너와 성천, 환희천이라고 불렸다(정식 명칭은 대성환희천). 나라현 이코마산의 호잔지와 도쿄 아사쿠사의 마쓰치야마 쇼덴이 유명하다.

부와 행운과 풍요의 여신 락슈미

가정의 행복을 수호하는 자비롭고 아름다운 신

자비의 신 비슈누의 아내 락슈미. 락슈미는 비슈누가 거북이로 모습을 바꾸어 우유 바다를 휘저을 때 태어났다.

어느 날 신들은 불사의 영약 암리타를 손에 넣기 위해 비슈누에게 도움을 청했다. 비슈누는 만다라산을 회전축으로 삼아서 바다를 휘저으라고 했다. 시키는 대로 하자 해저에 구멍이 뚫리고 산이 가라앉기 시작했다. 비슈누는 거북이로 변신해 바다로 들어가 등딱지로 만다라산을 떠받쳤다.

우유로 변하기 시작한 바닷물에서 무사히 암리타가 든 병이 솟아 올랐는데 이때 아름다운 여신 락슈미도 등장했다. 그 아름다움에 반한 신들은 락슈미를 원했으나 락슈미는 남편으로 비슈누를 선택했다.

락슈미는 풍요의 여신이라는 점에서 대지의 여신과도 동일시된다. 특히 남인도에서는 곡물을 관장하는 여신으로 여겨진다. 이는 오랜 신앙인 지모신과 습합한 것으로 여겨진다.

인도에서는 가을에 디왈리˙라는 성대한 축제가 열리는데 이때 각 가정에서는 락슈미를 맞이한다. 디왈리의 어원이 '빛의 행렬'인 만큼 집집마다 밤새도록 불을 켜두고 있어서 환상적인 분위기를 연출한다.

- 10월부터 11월에 걸쳐 5일 동안 열리는 축제. 이 기간에 물건을 사면 운수가 좋다고 한다.

길상천의 모델이 된 락슈미

수면에 뜬 붉은 연꽃 위에 선 모습. 손에도 연꽃을 들고 있다.

손바닥에서 부의 상징인 동전을 무한정으로 쏟아 낸다.

남편 비슈누가 변신할 때는 락슈미도 모습을 바꾸었다. 비슈누가 라마 왕자일 때는 아내 시타, 크리슈나일 때는 아내 루크미니로 변신한다.

인도의 여신 신앙

각종 농작물을 길러내는 대지와 여성의 출산 능력이 결합된 여신 신앙은 예로부터 세계 각지에서 찾아볼 수 있었다. 인도의 토착 신앙에도 여러 여신이 있었는데 이들은 시바의 아내 파르바티 등과 결합했다.

▲ 예술과 학문의 신 사라스바티는 일본으로 건너오며 변재천이 되었다.

▲ 인도 신화에는 거친 여신도 있다. 대표적인 예가 전쟁의 신 두르가와 칼리다.

마야 문명과 아스테카 문명의 세계관

파충류의 등 위에 만들어진 세상

멕시코 남부에서 유카탄반도에 걸친 중부 아메리카는 '메소아메리카'라고 불렸는데 바로 이곳에서 마야 문명과 아스테카 문명이 발생했다.

기원전 1500년경부터 2000년이나 되는 긴 세월에 걸쳐 번성했던 마야 문명. 피라미드와 신전 등 인간이 만들었다고는 믿기 힘들 정도로 거대한 석조 건축물이 남아 있다.

마야인은 바다에 떠 있는 거대한 파충류의 등에 세상이 만들어졌으며, 세상은 평탄하다고 믿었다. 여기에 신의 세계, 인간 세계, 지하 세계가 3개 층으로 나뉘고 생명의 나무가 각 층을 연결하며 지탱하고 있다는 것이 마야 문명의 세계관이다.

마야의 창세 신화는 세 가지 이야기로 구성되어 있다. 신화에 따르면 첫 번째, 두 번째 세상은 파괴되었고 세 번째 세상에서 옥수수로 만든 인간이 탄생했다고 한다.

아스테카 문명은 14세기에 멕시코 중앙의 고지대에서 탄생했다. 아스테카 신화에서 세계는 천계 13개 층과 지하 세계 9개 층으로 구성되어 있는데 지하 제일 아래층은 사후 세계다. 이 세계에는 각 층마다 지배하는 신이 따로 있었다.

아스테카의 창세 신화는 다섯 가지 이야기로 구성되어 있다. 첫 번째부터 네 번째까지는 천재지변 등 다양한 이유로 세계가 파괴되었고 다섯 번째 세계에서 신들이 탄생했다. 이때 대지, 인간, 농경 등도 창조되어 세계가 만들어져갔다.

- 약 6500년 전에 마야의 저지대에서 처음으로 옥수수 재배가 이루어진 것으로 알려져 있다. 단, 처음에는 술을 빚기 위해 재배했던 듯하다.

메소아메리카 문명

아스테카 문명
아스테카 왕국은 중앙 멕시코에서 번성했다. 아스테카 왕국 이전부터 전해져 내려온 신화도 있으며 최고신 케찰코아틀도 오랜 옛 시대의 신이다.

멕시코만

태평양

마야 문명
유카탄반도를 중심으로 일어난 문명에서 전해져 내려온 것이 마야 신화다. 오랜 세월에 걸쳐 전해져 내려왔으나 문헌이 남아 있지 않아서 대부분 확실치 않다.

아스테카 신화
창세 신화

멸망과 창조를 거듭하는 신화는 메소아메리카 문명과 매우 닮았다.

> **첫 번째 세상**
> **거인이 지배**

▼ 재규어로 인해 멸망

> **두 번째 세상**
> **케찰코아틀이 지배**

▼ 태풍으로 인해 멸망

> **세 번째 세상**
> **비와 천둥의 신 틀랄록이 지배**

▼ 화염 비로 인해 멸망

> **네 번째 세상**
> **물의 신 찰치우틀리쿠에가 지배**

▼ 홍수로 인해 멸망

> **다섯 번째 세상**
> **(현재) 태양신 토나티우가 지배**

▼ 머지않아 하늘의 괴물로 인해 멸망한다고 한다

마야 신화
인간이 만들어지기까지

마야 신화의 문헌 『포폴 부』에는 창조신 테페우와 구쿠마츠가 인류를 어떻게 만들었는지 나와 있다. 마지막에 옥수수로 인간을 만들었을 때는 세상만사를 통찰하지 못하도록 일부러 눈을 어둡게 했다.

> **1세대**
> **진흙으로 만든 인간**

▼ 부드러워서 물에 녹는 탓에 실패

> **2세대**
> **나무로 만든 인간**

▼ 영혼과 지성이 없어서 실패

> **3세대**
> **옥수수로 만든 인간**

▼ 지성을 지닌 인간이 탄생하며 성공

세계의 신들

마야의 창세 신화와 쌍둥이 영웅

영웅 형제 우나푸와 스발란케의 활약

마야 신화는 과테말라의 키체족 사이에 전해져 내려오는 『포폴 부』에 기록되어 있다. 창조신은 테페우와 구쿠마츠다.

『포폴 부』에 따르면 세상에는 바다와 하늘만이 존재했고 모든 것은 물속에 잠겨 있었다. 두 신은 바다 위를 날아다니며 대지를 창조하고 동식물을 만드는 등 세계를 구축했다.

최초의 인간은 진흙으로 만들어졌는데 금방 무너져 내리는데다가 말도 하지 못하는 실패작이었다. 두 신은 다시 한번 나무로 인간을 만들었다. 이들은 자손을 만들었지만 신을 받들지 않았기 때문에 두 신에 의한 홍수에 떠내려가게 되었다.

겨우 살아남은 인간의 자손은 인간과 닮았지만 지능이 부족한 원숭이로 변신시켰다. 인간과 원숭이가 닮은 것도 이 때문이라고 한다.

『포폴 부』에는 영웅인 쌍둥이 신 우나푸와 스발란케의 모험도 기록되어 있다. 두 신은 거인과 괴물들을 쓰러뜨리며 아버지의 원수를 갚기 위해 명계로 향했고 숙적 시발바인*과 시합을 통해 대결했다.

상황이 불리해지자 시발바인들은 두 신을 불태워 죽이려 했으나 둘은 끄떡도 하지 않았다. 두 신은 시발바인들을 제압한 다음 마지막에는 하늘로 올라가 태양과 달이 되어 세계를 지켜보는 존재가 되었다.

- 숙적인 거인들. 우나푸와 스발란케로부터 신의 자리를 뺏으려 한 부쿱 카키스. 그의 아들들도 두 신에게 도전했으나 우나푸와 스발란케의 계략으로 죽음을 맞이한다.

영웅 우나푸와 스발란케 형제

아버지의 복수를 위해 힘을 하나로 합친 쌍둥이 신. 인류에게 옥수수를 가져다준 옥수수의 신이기도 하다.

우나푸는 사냥꾼, 스발란케는 작은 재규어를 뜻한다. 심술을 부리던 이복형제들을 원숭이로 변신시키고 추방했다.

아버지의 복수를 위해 찾아간 명계에서는 거북이와 토끼 등의 동물이 도와주었다. 쌍둥이는 갖은 시련을 극복한 끝에 불사신이 되었다.

쌍둥이 영웅의 활약 이야기

『포폴 부』에는 우나푸와 스발란케의 출생과 각종 공적이 기록되어 있다. 행실이 나쁜 거인 부자를 처벌하고 아버지를 살해한 명계의 왕을 죽이는 등 활약을 펼친다. 명계에서 살해당한 아버지와 숙부는 승천했고 마찬가지로 살해당한 청년 400명은 하늘의 무수한 별이 되었다.

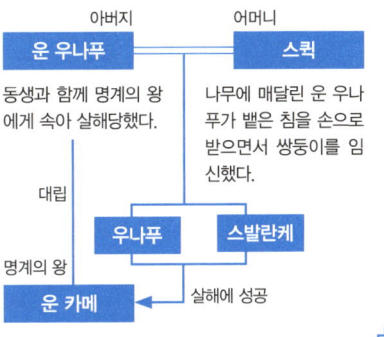

4장 | 이집트 신화, 인도 신화, 메소아메리카 신화의 신들

날개 달린 뱀의 모습을 한 신 케찰코아틀

거듭된 세상의 멸망 끝에 사라진 태양까지 부활시킨 최고신

아스테카 신화의 창세신은 케찰코아틀이다. 달의 여신에게서 태어나 바람, 농경, 문화를 수호하고 법과 달력을 만드는 등의 활약을 펼쳤다. 전지전능한 신으로 여겨지며 멕시코부터 중앙아메리카에 전해져 내려오는 신화 중에서도 최고신으로 여겨진다.

이름의 뜻은 '날개 달린 뱀'이다. 케찰은 고원 등에 서식하는 녹색 깃털이 아름다운 진귀한 새고 코아틀은 나와틀어로 뱀을 뜻한다. 신화에서는 장신에 늠름하고 흑발을 휘날리며 번뜩이는 눈동자를 지녔다고 했다.

케찰코아틀은 전쟁과 파괴의 신 테스카틀리포카와 적대적인 관

- 멕시코에는 케찰코아틀의 피라미드가 남아 있다. 그 밖에도 '신들이 모이는 장소'라는 의미의 거대한 도시 유적군 테오티우아칸 유적 등도 있다.

계였다. 둘은 끊임없이 싸웠는데 그때마다 천재지변이 일어났고 케찰코아틀은 세 차례나 세상을 멸망시켰다.

그리고 새로운 세상을 창조하기 위해 원래 있던 세상을 멸망시 킨 다음 숨이 끊어진 인간의 뼈에 자신의 피를 흘려 넣어서 지금의 인간을 만들었다. 옥수수를 먹거리로 삼는 문화도 만들어 인간에 게 주었다.

또 몇 번이나 세상을 멸망시키는 바람에 사라진 태양을 되살린 것도 케찰코아틀이었다. 여러 신의 고행 끝에 새로운 태양이 탄생 하며 세상을 비추었다.

전지전능한 신 케찰코아틀

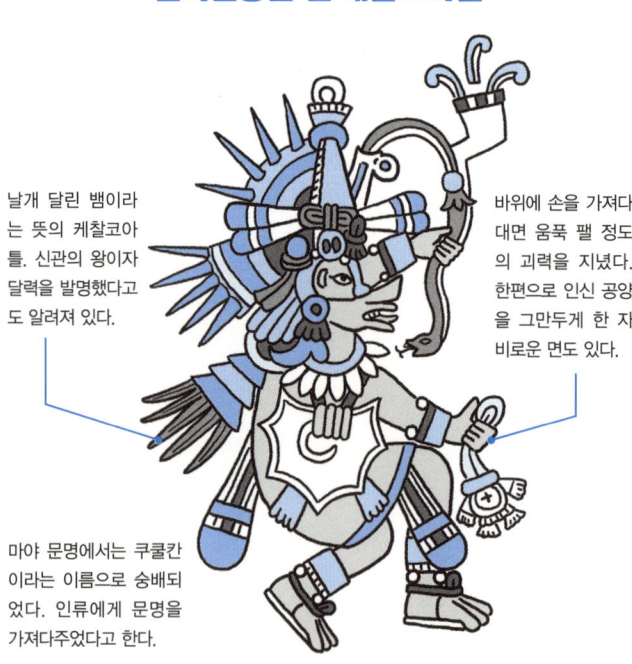

날개 달린 뱀이라는 뜻의 케찰코아틀. 신관의 왕이자 달력을 발명했다고도 알려져 있다.

바위에 손을 가져다 대면 움푹 팰 정도의 괴력을 지녔다. 한편으로 인신 공양을 그만두게 한 자비로운 면도 있다.

마야 문명에서는 쿠쿨칸이라는 이름으로 숭배되었다. 인류에게 문명을 가져다주었다고 한다.

파괴와 전쟁의 신 테스카틀리포카

케찰코아틀의 라이벌은 파괴와 전쟁을 관장하는 신 테스카틀리포카다. '연기를 뿜는 거울'이라는 뜻인데 이 거울은 의식 때 사용되는 흑요석을 가리킨다. 케찰코아틀이 인신 공양을 그만두게 한 일을 계기로 두 신이 대립했다고 알려져 있다.

참고 문헌

- 『가장 알기 쉬운 북유럽 신화いちばんわかりやすい 北欧神話』, 스기하라 리에코 지음, 지쓰교노니혼샤
- 『가장 알기 쉬운 인도 신화いちばんわかりやすい インド神話』, 덴지쿠 기탄 지음, 지쓰교노니혼샤
- 『인도 신화 입문インド神話入門』, 하세가와 아키라 지음, 신초샤
- 『비주얼판 세계의 신화 백과 미국편ヴィジュ…アル版世界の神話百科 アメリカ編』, 데이비드 M 존스 지음, 하라쇼보
- 『신기할 정도로 쉽게 배우는 세계의 신들面白いほどよくわかる世界の神々』, 요시다 아쓰히코 감수, 모리 미요코 지음, 니혼분게이샤
- 『고대 이집트 해부 도감古代エジプト解剖図鑑』, 곤도 지로 지음, 엑스날리지
- 『신판 증보 고대 이집트의 신들新版増補 古代エジプトの神々』, 마쓰모토 와타루 지음, 야로쿠
- 『도해 켈트 신화図解 ケルト神話』, 이케가미 료타 지음, 신키겐샤
- 『도해 북유럽 신화図解 北欧神話』, 이케가미 료타 지음, 신키겐샤
- 『세계사 용어집 개정판世界史用語集 改訂版』, 전국역사교육연구협의회 편집, 야마카와슛판샤
- 『세상에서 제일 멋진 신화 교실世界でいちばん素敵な神話の教室』, 구라모치 후미야 감수, 산사이북스
- 『제로베이스에서 시작하는 이집트 신화ゼロからわかるエジプト神話』, 가미유 역사편집부 지음, 이스트프레스
- 『마야·아스테카의 신화マヤ・アステカの神話』, 아이린 니컬슨 지음, 세이도샤
- 『몬스터 스트라이크로 배우는 세계의 신들モンスターストライクで覚える世界の神々』, XFLAG스튜디오TM·스즈키 유스케 감수, 니혼분게이샤

세계의 신들

1판 1쇄 인쇄 2025년 4월 16일
1판 1쇄 발행 2025년 5월 16일

감수 스즈키 유스케
옮긴이 정보현

발행인 양원석 **편집장** 권오준 **책임편집** 김희현
디자인 강소정, 김미선 **영업마케팅** 조아라, 박소정, 이서우, 김유진, 원하경
해외저작권 임이안, 안효주

펴낸 곳 ㈜알에이치코리아
주소 서울시 금천구 가산디지털2로 53, 20층 (가산동, 한라시그마밸리)
편집문의 02-6443-8846 **도서문의** 02-6443-8800
홈페이지 http://rhk.co.kr
등록 2004년 1월 15일 제2-3726호

ISBN 978-89-255-7379-3 (03200)

※ 이 책은 ㈜알에이치코리아가 저작권자와의 계약에 따라 발행한 것이므로
　본사의 서면 허락 없이는 어떠한 형태나 수단으로도 이 책의 내용을 이용하지 못합니다.
※ 잘못된 책은 구입하신 서점에서 바꾸어 드립니다.
※ 책값은 뒤표지에 있습니다.